쉽게 배워
크게 쓰는

재무제표

회계 공부를 시작했지만,
이해가 되지 않아 포기한 분들을 위한

쉽게 배워
크게 쓰는
재무제표

김성호 지음

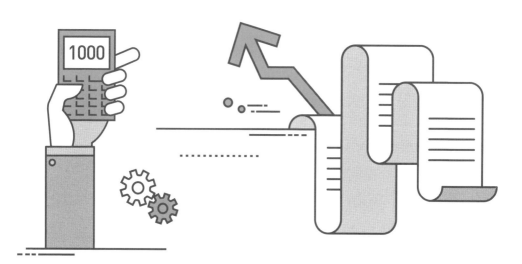

pazit

차례

제1장
재무제표 읽을 준비를 하다

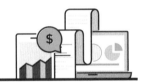

제2장

재무제표를 읽기 시작하다

제3장

재무제표 vs 재무제표

제4장

재무제표를 실전으로 익히다

제5장

이야기로 풀어 보는 재무 각론

"회계는 어려워요."

"회계를 몰라도 내가 하는 일에 지장은 없어요."

"필요한 것은 회계 담당자에게 물어 보면 됩니다."

"그 복잡한 것을 언제 공부해서 알아요?"

"회계는 내 일과는 상관이 없어요."

경영자나 사업 본부장을 포함한 임원들에게 재무제표 읽는 법을 오랫동안 교육해 오면서 필자가 그분들께 들었던 말들이다. 하지만, 이런 말을 했던 분들의 마음을 조금 더 깊이 들여다 보면 실은 "알고 싶은 마음은 있지만 지금부터 어떻게 시작하고, 어떻게 해 나가야 할지 엄두가 나지 않아서 답답합니다."라는 마음이 숨어 있다. 그렇기에 유튜브 강의나 온라인 강의를 찾아 회계 기초 공부를 시작해 보지만, 쉽게 이해가 되지 않아 얼마 가지 못해서 그만두곤 한다.

이 책은 이런 분들을 위해 만들어졌다. 재무제표는 기업을 파악하고 기본적인 분석을 할 수 있는 도구이다. 이 책을 통해 회계를 쉽고도 명확하게 이해하게 될 것이고, 현장에서 재무제표를 해석하는 능력을 장착할 수 있게 될 것이다. 회계는 더 이상 전문가들만의 영역이 아니다. 회계는 비즈니스 세계에 어떤 역할로 참여하든 모든 분들이 자신의 위치에서 어렵지 않게 익히고 활용할 수 있도록 더 문을 활짝 열어야만 하는 영역이 되어야 한다. 이 책에서 주제로 다루는 재무제표는 어떤 기업에 관한 매우 소중하고 다양한 정보를 담고 있다. 재무제표만 읽을 줄 알아도 그 기업이 어떤 상황에 처해 있는지 쉽게 알 수 있다. 그리고 파악된 정보는 개인적으로 조직적으로 다양한 용도로 유용하게 사용될 수 있다.

여러분이 만일 재무제표를 읽고 기본적인 해석을 할 수 있다면 어떻게 활용이 가능할까? 구체적인 경우들을 생각해 보면 다음과 같다.

- 주식 투자를 할 경우 투자할 기업을 고를 때 사용한다.
- 이직을 할 경우 갈 기업의 상황을 사전에 파악이 가능해진다.
- 다니고 있는 기업의 상황을 파악해 위험성 여부를 판단할 수 있다.
- 기업의 전체적인 성과와 상태를 알면서 내가 맡고 있는 부문을 운영할 수 있다.
- 경영진의 방향과 전략을 이해할 수 있다.
- 경영진의 경영 수준을 알 수 있다.
- 재무 정보에서 보이는 과거의 트렌드를 통해 미래를 그려볼 수 있다.

- 내 사업을 할 때 필요한 재무 관련 지식을 얻게 된다.

한 마디로 내가 다니는 기업이 건강한지 아픈지, 이직을 고려하고 있는 기업이 안전한지 위험한지, 투자하고 싶은 기업은 투자해도 되는지, 내가 사업을 한다면 어떤 부분에 주의해야 하는지 등 재무제표라는 도구를 이해하면 의외로 활용할 곳은 제법 많다. 때문에 재무제표를 읽는 것은 단순히 재무 담당자들만의 몫일 수 없고 그래서도 안 된다.

그동안 회계 대중화를 위해 애쓰신 전문가들이 많이 계심을 안다. 기존에 출간된 십여 권의 책들을 살펴보며, 다른 책과는 다른 차별성을 두어 나만의 방식으로 기여하고자 많은 생각을 했다. 그에 대한 해답을 이 책 속에 그대로 풀어놓고자 애썼다. 필자는 33년 이상 직장 생활을 했고 그중 25년을 회계 파트에서 일했다. 그리고 그 25년의 기간 중 15년은 CFO(최고 재무책임자)로서 일했으며 후에 CEO(최고 경영자)로서도 7년간 일했다. 기업 내의 실무진을 만나고 협업하는 회계 담당자, 임원들과 주로 협업하는 CFO, 기업 전체의 관점을 견지하며 일하는 CEO로 일했던 경험을 통해 다양한 관점을 이해하게 되었다. 이 책은 비회계 부서에 계신 분들에게 가장 쉽게 설명하는 회계 이야기, 그중 가장 활용 빈도가 높은 재무제표에 관한 것이다.

그동안 필자가 만나고 가르쳤던 많은 분들이 주신 적극적인 피드백이 밑거름이 되어 지금처럼 내용이 더 쉽고도 간결하게 보완되어 왔기에 그 모든 분들께 감사를 전하고 싶다. 그리고 이 책을 통해 새롭게 만나게 될 독자분들도 그런 상호 발전의 관계가 되기를 희망한다. 이 책을 통해 기업의 중요한 자료 중 하나인 재무제표와 가까워질 뿐 아니라 자신의 목적에 따라 다양하게 활용할 수 있는 계기가 충분히 만들어지기를 기대한다.

기업 활동은 반드시 어딘가에 기록이 된다. 그 곳이 '회계'이고, 복잡한 기업 활동이 '재무제표'에 숫자 형태로 정리된다. 회계는 기업과 외부 이해 관계자와의 의사소통 수단이기도 하지만, 기업 내 구성원 간 소통 수단으로서 의미도 있다. 저자는 회계 실무에서 최고 경영자 자리까지 만 33년 경력 대부분을 재무 분야에서 일을 해온 재무 전문가이다. 이런 탄탄한 경험을 바탕으로 현재 이슈가 되는 케이스에 대한 분석 결과를 독자들에게 쉽게 설명해 준다.

회계학적인 측면이 아닌 회계 정보를 분석하는 능력에 우선 순위를 두고 이 책을 읽어 나간다면 기업을 운영함에 있어, 그리고 투자 의사 결정에 있어 큰 도움을 받으리라 생각한다.

— **하성호**, Simone Investment CFA

오늘날 '스타 기업'은 거의 연예인만큼 많은 이들의 입에 오르내린다. 누군가는 투자나 취업의 대상으로, 또 누군가는 벤치마킹과 인더스트리 분석을 위해 오늘도 '네카라쿠배*'를 이야기한다. 스타 기업들에 대한 이야기는 때로 극단적이다.

---

* 네이버, 카카오, 라인, 쿠팡, 배민

이들의 전략을 전설처럼 칭송하는 이가 있는가 하면, 숨겨진 진실을 거론하며 기업들의 한계를 지적하는 이들도 있다.

모든 착시적 레이어를 걷어내고 나면 남는 오롯한 기업적 실체는 무엇일까. 그건 바로 '재무제표'란 이름으로 남는 숫자들이다. 재무제표에 대한 입문서가 필요한 사람들에게 『쉽게 배워 크게 쓰는 재무제표』는 최고의 선택이다.

이 책이 각별한 이유는 저자의 따뜻한 관점이다. 보통 숫자를 파헤친다는 것은 기업에게 쏟아지던 칭송을 가라앉히게 만들지만, 이 책은 그렇지 않다. 저자 김성호는 글로벌 기업의 CEO로 일하며 고사枯死되기 직전의 브랜드를 여럿 되살렸던 인물이다. 저자의 조급하지 않은 시선은 숫자가 드러내는 현재와 미래를 군더더기 없이 바라본다. 객관적인 시선에는 낙관이 따르기 마련이고, 그런 담담함으로 바라본 재무제표는 쉽고 편안하게 읽힌다. 아직 재무제표를 분석하는 데 서툰 초급자라 할지라도 그의 시각을 따라가다 보면 숲을 보게 되고 나무를 보게 된다.

책장을 덮을 때쯤이면 『쉽게 배워 크게 쓰는 재무제표』라는 제목에 크게 공감할 것이다.

— 김소희, 데일리트렌드 대표

아버지는 회계사이셨습니다. 어릴 적, 겨울 한밤중에 얼핏 잠에서 깨면, 아버지는 서류 한 뭉치를 앞에 두고 톡톡 주판알을 튕기시면서 아버지의 세계에 푹 빠져 계셨습니다. 주판 하나와 몇 가지 서류만으로 빽빽하게 줄이 그어진 종이에

단정한 숫자를 채워 나가는 것이 아버지의 세계였습니다. 주판이 계산기로 바뀌고, 어느새 이제는 컴퓨터가 그 자리를 대신하게 됐지만 아버지의 세계가 바로 재무제표였습니다. 작은 회사를 운영하면서부터 왜 아버지가 겨울만 되면 한밤중까지 그 세계에서 나오시지 못했는지는 알게 되었죠.

한동안 작은 회사를 운영하면서도, 매년 재무제표에 찍히는 숫자가 무슨 의미인지는 정확히 알지 못했습니다. 누구는 리스키하다고도 하고, 누구는 성장성이 높다고도 하고, 누구는 안정적이라고도 했습니다. 저 사람은 뭘 보고 그런 얘길하는 걸까, 왜 이건 보지 않을까 하는 궁금한 생각들이 많았었습니다.

김성호 대표님은 그때마다 숫자를 읽는 방법과 그렇게 읽는 이유도 알려 주셨습니다. 책을 쓰시면서도 내가 그간 재무제표에 대해 궁금해했던 점, 더 알고 싶었던 점들에 대해서 계속 확인하시고, 그에 대한 정확하고 애정 어린 대답을 던져 주셨습니다. 저자가 알고 있는 것만 얘기하지 않고, 정말 독자에게 필요한 것, 궁금해하는 것을 찾아내서, 드디어 독자에게 꼭 필요하고, 궁금해하는 것을 모두 해결해 주시기 위해 쓰신 책이 이번 책입니다.

운전은 가족에게 배우면 싸움 난다고 하죠. 재무제표도 그런가 봐요. 아버지는 제게 재무제표에 대해 가르쳐 주지 못하셨어요. 이 책은 아버지도 못 가르쳐 주셨던 재무제표의 숨겨진 세계로 안내하는 책이 되었습니다. 여러분에게도 이 책이 수십 년 내공이 켜켜이 쌓인 정확하고 애정 어린 안내자가 되기를 기원합니다.

— 이태숙, 스타트업과 동행하는 UX 전문가

책을 읽는 즐거움 중 하나는, 지난 경험에서 풀이가 쉽지 않았던 과제에 대해, 당시에는 간과하고 지나쳤거나 미처 알지 못한 내용을 이해하게 되거나, 복잡했던 생각을 정리하고 프레임을 만들어 주는 책을 만나는 것이 아닌가 싶습니다. 영감을 받고 새로운 통찰을 전한 작가님과 인연을 맺기까지 한다면 그 즐거움은 더욱 배가 됩니다.

김성호 작가님과의 인연이 그렇습니다. CFO 출신으로 최근 10년 동안 유럽 현지 패션 회사들의 CEO로서 턴어라운드 경영을 이끌었던 경험을 바탕으로, '자라', '넷플릭스', '스타벅스', '노키아'의 변화와 혁신, 턴어라운드 과정을 간결하면서도 본질을 꿰뚫는 전개가 묵직하게 한방 맞은 듯 강렬했던 작가님의 첫 번째 책, 『돌파하는 기업들』을 읽고 직접 뵙고 싶은 마음에 연락을 드린 것이 2021년 초였습니다.

그렇게 인연을 맺은 김성호 작가님 자신과 가족의 이야기, 한국과 유럽에서의 30여년의 커리어 과정 속 성장과 성취의 스토리, 리더십에 대한 생각들이 담겨 있는 두 번째 책, 『나도 나를 믿지 못했다』에서는, 마치 정말 친하고 편한 인생 선배님과 함께하는 편안한 자리, 그 인생 선배님이 들려주는 삶과 일에 대한 경험, 애정 어린 조언을 듣는 것 같은 느낌에 다시 한번 책을 읽는 즐거움을 진하게 갖기도 했습니다.

작가님의 첫 책 출간이 2020년 11월로 알고 있는데, 말씀 듣기로 그 책은 이탈리아 현지에서 록다운 상황의 시간을 활용하여 집필을 시작하신 것이라고 합니다. 이제 막 1년밖에 되지 않은 시점에서 2021년 5월 독립 출판으로 출간한 두 번째 책에 이어, 어느새 또 한 권의 책, 『쉽게 배워 크게 쓰는 재무제표』를 선보입니다.

많은 분들이 회계를 어렵다고 합니다. 차변과 대변, 발생주의와 현금주의, 현재 가치, 지분법과 연결 회계, 자산 손상 같은 익숙하지 않은 용어들. 감사보고서를 찾아보면 수많은 계정과목의 숫자들로 가득한 재무상태표, 손익계산서, 현금흐름표 등의 재무제표와 빼곡하게 쓰여진 주석 사항들. 공인회계사 시험 또는 회계 관련 전공과 업무를 위한 공부도 쉽지 않은데, 그렇지 않은 분들에겐 더욱 이해가 어려운 영역이라 생각됩니다.

이에 회계를 처음 접하는 분들의 이해를 도울 수 있는 다양한 회계 관련 입문 서적들이 시중에 소개되어 있습니다만, 이 책은 꼭 필요한 회계 지식을 보다 쉽게 이해하고, 대중의 많은 관심을 갖는 화제의 기업들 간의 재무제표를 비교하며 활용해 보는 접근법으로, 기존의 회계 관련 입문 서적들과는 다른 김성호 작가님만의 매력을 만날 수 있습니다.

김성호 작가님의 글에는 군더더기가 없습니다. 숲을 먼저 이해하고, 나무를 보고 가공하는 과정으로, 핵심을 간결하게 요약하고 쉬운 설명으로 살을 더하여 이해에 부족함이 없도록 합니다. 재무와 회계 전문가이면서도 글은 인문학적인 감성과 섬세함을 담고 있습니다.

회계 정보를 만들어 내는 실무자들에겐 반드시 필요하겠지만, 만들어진 정보를 활용하는 이용자 관점에서는 부담스러운 계정과목별 상세한 회계 처리 설명 대신, 이용자의 관점에서 직접 마주하게 되는 재무제표, 그 자체를 이해하고 해석하는 방법을 작가님만의 군더더기 없는 친절하고 애정 어린 설명으로 이야기합니다.

BTS 소속사인 '하이브'의 재무제표를 분석하며 이해를 높이고, '우아한형제들'과 '무신사', '현대자동차'와 '폭스바겐', '네이버'와 '카카오', '젠틀몬스터'와 'LF', 'SSG닷컴'과 '마켓컬리'. 양사 간의 이름만으로도 궁금한 기업 간의 재무제표를 비교하면서, 재무제표를 읽고 분석하고 활용해 보는 과정의 흥미진진함과 함께, 마지막 5장에서는 재무와 회계라는 영역이 경영 전반에 미치는 영향력을 생각해 보게 하는 매력 만점의 책. 지금까지 회계를 어렵게만 생각해 오셨던 분들에게 이 책을 추천합니다.

CFO 출신의 재무와 회계 전문가, 패션회사 CEO로서 턴어라운드 경영, 영국과 이탈리아 등 해외에서의 경험, 와인을 좋아하고 사람들과의 인연을 소중하게 삼는 일상의 모습에서, 많은 부분 공통의 궤적을 앞서 만들어 가시는 인생 선배님의 대단한 기획력과 실행력, 그리고 직접 뵙고 말씀 나누는 시간에서 느끼는 통찰과 인품으로 많은 것을 배우는 김성호 작가님과의 인연을 오래도록 이어갔으면 하는 바람입니다. 감히 추천사를 드리는 기회에 감사의 마음을 전해 드립니다.

— 송승훈, 백패커(아이디어스) CFO

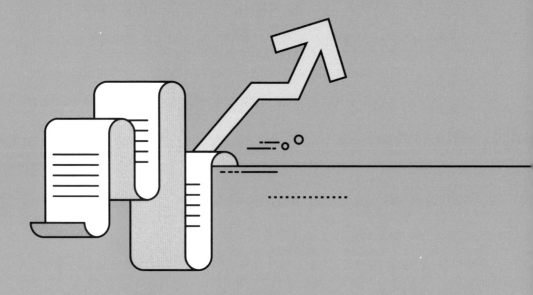

제1장

재무제표 읽을 준비를 하다

상식으로 보는
회계 이야기

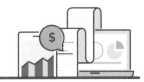

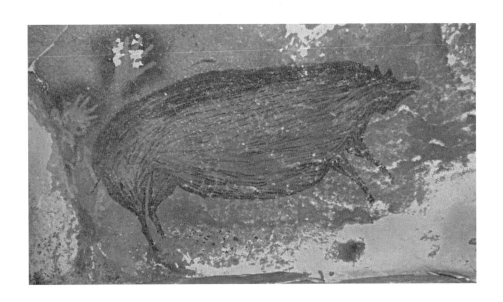

이 그림은 무엇일까?

현재까지 발견된 세계에서 가장 오래된 동굴 벽화다. 이 벽화는 인도네시아 술

라웨시Sulawesi 섬에서 2017년에 발견된 것으로 알려져 있다. 고고학자들에 따르

면 적어도 45,500년 전에 제작된 것으로 추정된다고 한다. 회계 이야기를 하면서 왜 갑자기 동굴 벽화를 거론할까 의아해하시는 분이 있을 것 같다.

인류의 역사는 기록의 역사이다. 사람은 태생적으로 무엇인가 기록을 남기고자 하는 DNA를 가지고 있는 것 같다. 우리 자신을 보아도 그렇다. 거의 대부분의 사람들이 사회 관계망 중 하나 이상에 자신의 기록을 남긴다. 때로는 글로 남기고 때로는 사진으로, 어떤 경우에는 영상으로도 남긴다. 블로그에 자신의 글을 쓰기도 하고 브런치 등에 자신의 글을 연재하기도 한다. 친구에게 문자 메세지를 보내고 단톡방에서 자신의 일상을 공유하기도 한다. 이처럼 인간은 누구나 자신이 하고 싶은 말을 기록화하는 본성을 가지고 있다. 인도네시아에서 발견된 저 벽화를 그린 사람들도 하고 싶었던 말이 있었을 것이다. 남기고 싶은 메시지가 있었을 것이다. 그렇기에 벽에 저런 그림을 그리는 수고를 아끼지 않았을 것이다.

회계는 기록이다. 기업을 비롯한 다양한 조직의 경제 활동을 정해진 룰에 따라 측정해서 기록하는 것이다. 때문에 전문가들은 회계를 일컬어 '비즈니스의 언어 Language of Business'라 부르기도 한다.

언어Language란 무엇일까? 한 마디로 한다면 의사소통의 도구이다. 회계는 비즈니스의 주체인 기업이 자신에 관하여, 자신이 하는 일과 성과에 관하여 의사소통을 하는 도구이다. 사람들은 그 기업에 대해 회계라는 도구를 통하여 알 수 있다. 인간이 언어라는 도구가 없이는 의사소통을 할 수 없듯이 기업은 회계라는 도구가 없이는 의사소통이 불가능하기에 회계가 비즈니스의 언어라는 정의는 절묘할 정도로 정확한 정의이다.

자료를 조사해 보니 기업이라는 제도가 시작된 것은 내가 생각했던 것보다 훨씬 일렀다.

기원전 3000년, 메소포타미아인과 수메르인이 거래의 근거로 '계약'이라는 개념을 처음 창안했다고 하며, 기원후 1세기 로마 사람들이 기업의 원형인 상업 사단을 만들어 유한책임 개념을 고안했다고 한다. 인류 최초의 기업으로 578년에 시작된 일본의 '곤고구미金剛組'를 꼽기도 하지만, 현대의 기업Company의 시작은 12세기 피렌체에서 콤파니아Compagnia*라는 가족 기업이 탄생에서 비롯되었다고 보는 것이 일반적이다.**

역사적으로 기업이 이렇게 오랜 역사를 지녔기에 기업의 비즈니스 활동을 측정하고 기록하는 의사소통의 도구인 회계 또한 당연하게도 역사가 오래되었을 수밖에 없다. 사업이라는 것이 혼자서 하는 데에 한계가 있고 주변의 다른 사람들이나 다른 조직들과 엮여서 영향을 주고받으며 해야만 하는 것은 지금이나 그때나 동일하다. 때문에 사업 관계에서의 의사소통의 도구인 회계도 함께 발전할 수밖에 없었다. 그중에서도 회계가 지금의 제도처럼 체계적으로 자리잡도록 가장 결정적인 영향을 미친 것은 복식부기의 발명을 들 수 있다. 복식부기란 기업이 행하는 모든 거래를 계정과목(계정 이름)으로 차변/대변에 이중으로 표기하는 것을 말한다(이 설명은 그저 바람이 지나가듯 그렇게 흘리는 개념으로 보시면 되니 이해가 안 돼도 쓱 읽어 보시길). 복식부기는 지금까지도 가장 중요하고 기본적인 틀로서 자리하고 있는데 지금으로부터 오백이십여 년 전인 1494년에 이탈리아인 루카 파치올리Luca Pacioli에 의해서 만들어진 것이다. 회계에서 그의 공로가 얼마나 지대했는지 그는 회계학의 아버지라 불리고 있을 정도이다.

---

* Company의 어원

** '기업의 역사, 인류 발전의 근원인 기업과 기업의 미래', 최근환 칼럼

▲ 회계학의 아버지로 불리는 파치올리 초상화(자코포 데 바르바리, 1495년, 카포디몬테 미술관)

1760년대 산업혁명 이후에 비로소 정리되고 발전하기 시작한 경영학^{Business} ^{Administration}에 비해 회계라는 학문이 무려 270년 가까이 앞서 있다고 할 수 있다. 이처럼 회계는 비즈니스와 떼려야 뗄 수 없는 불가분의 관계에 있는 것이다. 회 계라는 제도를 통해 측정되고 기록되는 기업 관련 내용 중에서도 재무제표는 꽃 이라 볼 수 있을 만큼 중요한 보고서이다.

경영에 몸담고 있는 모든 분들이나 비즈니스 세계에서 활동하고 있는 모든 분 들이 꼭 익혀서 활용할 수 있는 중요한 정보가 그 안에 담겨 있기에 이 작은 책 한 권을 통해 더 명확히 이해하여 읽고 해석하게 된다면 독자들에게 하나의 날개 가 더 생기는 것이나 다름없을 것이다.

② 내게 필요한 회계 지식은 다르다

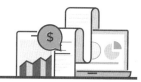

많은 사람들에게 왜 회계는 어렵기만 한 것일까?

먼저 회계는 모든 것이 숫자이다. 숫자에 친숙하지 않은 분들이라면 더욱이나 회계가 부담스러울 수밖에 없다. 그것은 마치 수학을 싫어하는 사람들이 많은 것과 유사한 현상이다. 숫자만으로도 부담스러운데 거기에 더해서 회계에서 등장하는 많은 용어들이 모호하고 어렵게 느껴진다.

어렵게 느껴지는 선입견에도 불구하고 그동안 많은 분들이 필요에 의해 회계의 기초를 공부하는 시도를 했고 또 많은 분들이 소기의 목적을 달성하지 못한 채 중단했다. 필자는 개인적으로 그 원인과 책임이 회계를 업으로 삼고 있는 분들에게 있다고 생각한다. 경영의 일선에 있는 분들이나 비즈니스 세계에서 활동하는 분들에게 회계를 자신들이 배운 방식으로 설명하는 것은 타당하지 못하다.

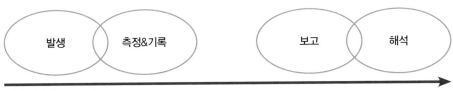

회계 담당자의 접근 방법

　　회계 담당자는 회계를 배울 때 [거래의 인식 방법 → 측정 방법 → 기록 방법 → 정리 방법 → 보고 방법]의 순으로 배운다. 즉, 거래의 8요소라 불리는 측정을 위한 회계의 기술부터 배운다는 의미이다. 하지만, 독자 여러분에게 필요한 것은 전적으로 사용자 관점에서의 회계이다. 인식/측정/기록/정리 등의 이 모든 사전 단계에 대해 알 필요가 별로 없다. 오로지 사용자 관점에서 최종적으로 나온 보고서를 읽고 해석하여 본인의 일 가운데 결과를 사용하면 그것으로 충분하다.

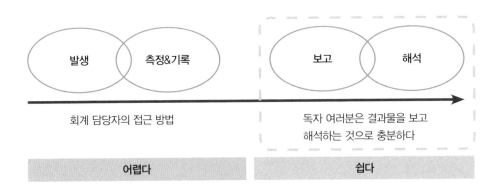

회계 담당자의 접근 방법　　　　　　독자 여러분은 결과물을 보고
　　　　　　　　　　　　　　　　　　해석하는 것으로 충분하다

어렵다　　　　　　　　　　　쉽다

　　회계 담당자들이 관여하는 단계인 측정/기록의 단계가 어렵고 여러분에게 필요한 후반부 단계인 보고서에 대한 해석은 상대적으로 쉽다. 이 책에서 제안하는 접근법은 최종 보고서인 재무제표를 읽고 해석하고 적용하도록 필요한 내용을

가장 쉽고도 빠르게 배우자는 것이다. 전체적인 원리를 이해하는 데 투자하는 대신에 사용자의 필요에 맞추어 가장 실용적인 관점에서 필요한 부분의 지식과 연습을 해 가는 이 방법이 여러분에게 현실적으로 진정 필요한 것이라 생각한다.

이제 이 책을 통해 여러분들은 재무제표를 읽는 법을 배울 것이다. 한 기업 또한 기업의 실제 재무제표를 보고 읽는 연습을 통해 여러분의 숫자에서 의미를 추출해 내는 해석 근육이 발달하게 되는 것을 경험하실 것이다. 그렇게 늘어가는 재무제표 해석의 근육을 통해 이전에 비해 회계의 유용성을 더 크게 느낄 것이다.

현실에서도 그렇지만 말이나 글이 꼭 어려울 필요가 있을까? 쉽고 간결하되 전달하고자 하는 내용에 충실하다면 그보다 더 좋을 수는 없는 것이다. 회계도 그렇다. 배우는 방법에 따라 회계는 일선에서 비즈니스를 하는 여러분들 모두에게 대단히 유용하고도 소중한 정보를 제공하는 쉽고도 친숙한 '비즈니스의 언어'가 될 수 있다.

3 재무제표란 무엇인가?

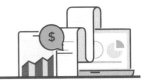

여러분이 사용하고 계시는 검색 엔진에 '재무제표'라고 치면 이런 정의를 찾아볼 수 있다.

"재무제표는 기업의 경영에 따른 재무 상태를 파악하기 위해 회계 원칙에 따라 표시한 재무 보고서로서 기업의 재무 현황을 보고하기 위해 작성된다. 재무제표의 종류에는 재무상태표와 손익계산서, 자본변동표, 현금흐름표가 있다."

아주 깔끔한 설명인데 왠지 알 듯 모를 듯하다. 이를 살짝 바꾸어 김성호 식으로 설명해 보겠다.

재무제표 Financial Statement 란 기업의 자산 상태와 손익 현황 등 재무적 상황을 각기 다른 4가지의 관점에서 작성한 보고서 세트이다. 재무제표는 기업이 작성하는 재무 관련 보고서 중 가장 기본적이면서 중요한 보고서이기에 기업 내부의 경영상 목적뿐만 아니라 관계된 외부의 개인과 단체 모두에게 기업을 평가하는 데 있어 필수적인 자료로 활용된다.

재무제표를 구성하고 있는 4가지 보고서는 아래와 같이 요약해서 설명할 수 있다.

- **재무상태표**Balance Sheet : 특정 시점의 회사의 재무 상태를 보여 줌.

  상태를 보여 준다는 의미는 기업이 안전한가 아니면 위험한가를 보여 준다는 의미이다. 때문에 이것을 통해서 우리는 기업의 안정성을 알 수 있게 된다.

- **손익계산서**Income Statement : 특정 기간 동안의 손익 상황(수입, 비용, 이익)을 보여 줌.

  손익 상황을 통해서는 기업의 수익성과 성장성을 볼 수 있다. 매출의 크기와 성장률, 그리고 이익률 등을 통해 얼마나 잘 벌고 얼마나 빠르게 성장하는 기업인지를 알게 된다.

- **현금흐름표**Statement of Cash Flow : 특정 기간 동안 현금의 흐름을 보여 줌.

  현금이 어디에서 얼마나 들어와서 어디로 얼마나 나갔는지 보여 주는 보고서이기에 지금의 현금이 남아 있을 때까지 들어오고 나간 흐름을 보여 준다.

- **자본변동표**Statement of Changes in Equity : 특정 기간 동안 자본의 변화를 보여 줌.

  자본은 쉽게 말해서 내 돈이다. 내 돈이 어떻게 얼마나 늘거나 줄어들었는지 변동 상황을 정리해서 보여 준다. 주주라면 당연히 관심을 가질 만한 보고서일 것이다.

이 4가지의 보고서를 설명하는 데 있어서 중요한 2개의 개념을 먼저 이해할 필요가 있다.

'과정'과 '결과'가 그것이다. 다른 말로도 표현하면 '흐름'과 '상태'이다.

과정(흐름) vs 결과(상태)의 개념을 그림으로 그려 보면 다음과 같다.

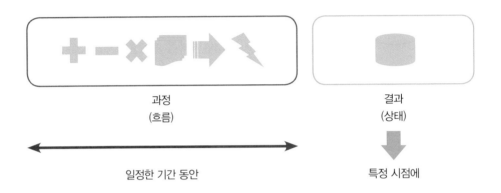

과정이나 흐름은 일정한 기간 동안 나타나거나 만들어지는 변화이다. 반면 결과나 상태는 특정한 시점에 보이는 단면과 같은 것이다. 과정이 일정 기간의 변화와 흐름이라면 결과는 특정 시점의 상태를 의미한다. 어감에서도 우리는 과정은 움직이는 이미지, 결과는 정지된 스냅 사진의 이미지를 쉽게 떠올릴 수 있다.

이 두 가지 개념은 재무제표를 이해하는 데 있어서 기초적이면서도 핵심적인 개념이다. 이 두 개념을 재무제표에 직접 대입해서 설명하면 다음의 그림과 같다.

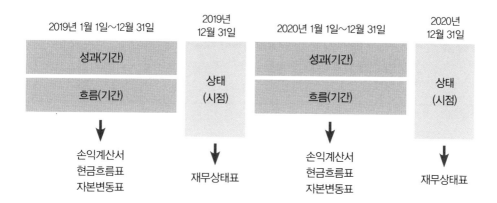

일정 기간 동안의 과정과 변동을 기록해서 성과와 흐름을 보여주는 것이 손익계산서, 현금흐름표, 자본변동표라는 세 가지 보고서이고 특정 시점의 결과를 기록해서 기업의 그 시점의 상태를 보여주는 것이 재무상태표이다.

4 재무제표가 어렵다는
선입견 뒤집기

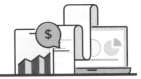

　재무제표가 어렵다고 생각하는 이유 중 가장 큰 것을 꼽으라고 한다면 단연 재무제표가 숫자로만 이루어진 보고서이기 때문이다. 어떤 설명도 이해도 친절히 시켜주지 않는다. 그저 숫자를 제시할 뿐이다. 보는 이가 숫자를 보고 알아서 읽고 판단해야 한다.

　두 번째 이유는 용어가 낯설기 때문이다. 무엇보다 재무제표에서 사용되는 계정과목들이 익숙하지 않아서 일반인들이 처음 접하면 알 듯 말 듯 그런 모호함 속에 갇히기 마련이다.

　세 번째 이유는 의미를 해석하는 원리를 모르기 때문이다. 숫자 그 자체만으로 이해해서 되는 것이 아니라 연결성도 알아야 하고 의미와 취지도 알아야 한다.

　◆　계정과목이란 〈재무상태표〉와 〈손익계산서〉에 등장하는 다양한 모든 항목들을 일컫는 용어이다. 예를 들면, 재무상태표의 자산 안에는 현금, 매출채권, 재고자산 등과 같은 것들이 존재하는데 이것을 계정과목이라고 부른다.

그럴 때 비로소 재무제표 상의 숫자들이 읽는 이에게 스토리를 전해주는 것이다.

스스로 설명하지 않는 숫자가 부담스럽고, 용어가 낯설고, 원리를 모르기 때문에 재무제표는 어렵다.

그렇다면 이제 반대의 관점으로 재무제표가 쉬울 수밖에 없는 이유를 찾아보자.

먼저, 용어는 꼭 필요한 몇 가지를 제외하고 나머지는 굳이 알기 위해 시간과 애를 쓸 필요가 없다. 차라리 그 시간과 노력으로 큰 틀에서 재무제표를 읽고 해석하는데 충분한 기본 용어들을 익히고 실제 재무제표를 보는 연습을 하는 것이 좋다. 그래야 더 빨리 재무제표와 친숙해지고 나 자신의 실무에 적용도 할 수 있다. 듣고 이해하는 공부, 공부, 공부에 치우친 방식을 과감히 버리고 최소한의 기초를 배우고 곧장 실전으로 들어가는 것이 이 책을 통해 필자가 하려는 방향이다.

기초 용어와 더불어 재무제표 각각의 의미와 연결성, 활용 방법 등을 익히고 나면 실전에 들어갔을 때 재무제표가 오히려 쉽다는 것을 느낄 것이다. 왜냐하면 숫자로 되어 있기 때문이다. 모든 것이 숫자로 이루어져 있다는 점 때문에 역으로 오히려 쉬울 수 있다. 왜냐하면 숫자는 모호함을 걷어내고 명확하게 상황을 보여주기 때문이다. 숫자는 회색 지대를 허용하지 않는다. 0과 1 중 누가 더 큰 숫자인지를 교묘한 말로 바꿀 수 없다. 그렇기에 숫자로 된 정보는 읽는 방법만 안다면 우리의 판단력을 키워주는 데 매우 효과적이다.

그렇기에 이후의 학습 방향은 재무제표에 등장하는 각종의 계정과목을 구구절절 설명하는 쪽으로 가지 않을 생각이다. 기초 용어를 자연스레 익히게 만들고 그 외는 재무제표의 의미, 구성, 해석, 활용 등 실전에서 바로 써먹을 수 있도록 하려고 한다. 또한, 재무제표의 작성자 입장이 아닌 철저히 사용자의 입장에 서서 현실에 당장 적용하여 사용할 수 있는 현장 지식과 경험을 늘릴 수 있게 하려고 한다.

이 책을 다 읽고 따라하고 나면 여러분은 재무제표를 통해 기업의 전반적인 상태와 수익성을 알아차릴 수 있게 될 것이다. 더불어 그 기업이 어느 정도 안정적인지, 어느 정도 성과를 잘 내는지, 가진 것을 얼마나 효율적으로 활용하는지, 이를 통해 그 기업이 기록한 경쟁력이 어떠한지 알게 될 것이다.

이 책을 읽고도 여러분이 재무제표를 읽지 못한다면, 필자인 나는 대단히 부끄러울 것이다. 그러지 않기 위해서라도 최선을 다해 열심히 설명할 것이다.

5 두 개의 문장으로 이해하는 재무제표

재무제표를 관통하는 개념을 두 개의 문장으로 요약할 수 있다.

첫째, 기업의 재산은 남의 돈과 내 돈의 합이다.
둘째, 판 것에서 쓴 것을 빼면 이익인데, 그 이익만큼 내 돈이 늘어난다.

이 두 개의 문장은 너무나 당연하고 쉬워서 이게 무슨 재무제표를 관통하는 개념이냐고 생각할 수 있지만 사실이다. 이 두 개의 문장은 재무제표 중 가장 사용 빈도가 높은 재무상태표와 손익계산서에서 적용되는 원리를 핵심만 축약한 문장이다.

첫째, 기업의 재산은 남의 돈과 내 돈의 합이라는 것을 등식으로 표현하면 기초 회계 교육에서 배우는 재무상태표의 기본 등식이 나온다.

자산 = 부채 + 자본

이때 부채는 남의 돈이며 자본은 내 돈이다. 이 원리는 한 개인 경제나 가정 경제에도 동일하게 적용된다. 모든 사람은 내 돈과 남의 돈을 합한 총재산을 가지고 있다.

둘째, 기업이 사업을 하면서 일정 기간 동안 벌어들이는 수입에서 같은 기간 동안 사용하는 비용을 빼서 남는 것이 있을 때 그것을 이익이라고 부른다. 그렇게 남긴 이익이 있을 때 내 돈은 증가한다. (물론 반대로 손해를 보면 내 돈이 줄어들겠지만)

이 두 개의 문장을 기억에 담아두고 재무제표를 배워 나가면 한결 쉽다는 느낌을 가질 것이다.

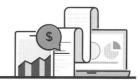

6 재무상태표 쉽게 이해하기

개념 및 용도

재무상태표는 특정한 시점의 결과, 즉 기업의 재무적 상태를 나타내는 보고서라고 설명한 바가 있다. 그리고 재무상태표의 기본 등식을 문장으로 표현하면 "기업의 자산은 남의 돈과 내 돈의 합이다."라고 했던 것을 기억하실 것이다. 이 두 가지 개념을 이해하는 것만으로도 여러분은 재무상태표를 이해하는 데 필요한 기초를 훌륭히 쌓은 것이다.

이것을 기반으로 조금 더 들어가 재무상태표를 폭넓게 이해해 보도록 하자.

재무상태표가 일정 시점에 본 결과이자 상태라면 우리는 재무상태표를 통해 아래의 사항들을 알 수 있을 것이다.

- 기업의 전체 재산의 규모는 얼마인가?

- 그중 내 돈과 남의 돈은 각각 얼마나 있나?

- 기업이 가지고 있는 현금은 얼마인가?

- 재고가 얼마나 남아 있나?

- 물건을 팔고 받아야 할 대금은 얼마가 남아 있나?

- 은행에서 빌린 돈은 얼마인가?

- 사업 시작할 때 투자한 내 돈이 지금은 얼마로 불어나 있나?

등과 같이 기업의 재무적 상태와 결과에 관해 알 수 있는 내용들을 대부분 담고 있는 것이 재무상태표이다.

한 가지 팁을 드리면 회계는 기업의 재무 정보를 보다 활용도가 높은 가치 있는 정보의 형태로 제공하고자 오랜 기간 동안 작성에 관련한 원칙들을 다듬고 발전시켜 왔다. 그 원칙들은 보고서의 구조에 관련된 것으로서 이를 따라 보고서를 만들 경우 보는 사람들이 그를 통해 얻게 되는 정보의 양과 질이 더 높아지게 된다. 다시 말해 재무제표의 작성 원칙은 정보의 품질을 높이기 위해 마련된 의도적인 구조화라고 이해하면 될 것 같다. 재무상태표를 어떤 원칙하에 작성했고 어떤 의도에서 그 원칙이 필요한지 설명해 보도록 하자.

🕐 재무상태표의 작성 원칙

1) 재무상태표는 유동성 배열 원칙에 따라 만들어진다.

유동성에 따라 계정과목을 배열해서 만든다는 것이기에 유동성의 의미를 알면 쉽게 이해할 수 있다. 유동성이란 돈의 흐름과 관련된 것이다. 회계에서 1년이라는 기간은 단기와 장기를 구분짓는 기준인데 그 기준 내에 현금이 흐르면 유동이라고 하고 그 기준 이후에 현금이 흐르면 비유동이라고 부른다. 때문에 1년 이내에 팔아서 현금으로 들어올 가능성이 높은 자산을 유동자산이라 부르고 1년 이내 현금으로 갚아서 현금이 나가야 할 부채를 유동부채라고 부른다.

유동성 배열이란 유동자산이나 유동부채를 비유동자산이나 비유동부채보다 앞에 배열하여 표기하는 방식을 말한다.

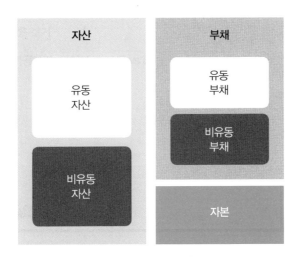

왜 이런 원칙을 만들었을까? 기업에게 있어서 유동성이 그만큼 중요하기 때문

이다. 그렇기에 기업의 안정성을 나타내는 가장 대표적인 개념이 유동성이다. 즉, 단기적으로 돌아오는 빚을 갚을 만한 능력을 기업이 가지고 있는지를 파악하는 것이 유동성이기에 정말 중요하다. 지금도 경제지에 종종 등장하는 기업의 유동성 위기에 관련된 기사들이 바로 이 점을 알려주는 것이다.

어떤 기업도 예외 없이 부도의 위기를 맞이할 수 있다. 부도는 결국 갚아야 할 빚을 갚을 만큼의 현금이 없는 현금 부족의 상태를 의미한다. 때문에 1년 이내에 갚아야 하는 빚이 어느 정도인지, 그것을 갚을 수 있는 현금과 현금으로 전환이 가능한 자산이 얼마인지를 우선적으로 살펴보라는 의도로 재무상태표의 구조를 그렇게 만든 것이다.

연결 재무상태표
제 22 기 2020.12.31 현재
제 21 기 2019.12.31 현재
제 20 기 2018.12.31 현재

(단위 : 원)

	제 22 기	제 21 기
자산		
유동자산	10,544,659,200,319	5,643,714,459,664
현금및현금성자산 (주6,7)	1,600,304,349,922	3,740,513,761,418
단기금융상품 (주6,7)	291,292,142,737	289,910,618,872
당기손익-공정가치 측정 금융자산 (주5,6,7)	922,939,095,062	12,920,430,454
매출채권및기타채권 (주6,7)	986,826,023,076	1,211,072,909,858
기타포괄손익-공정가치 측정 금융자산 (주5,6,7)		63,916,531,256
재고자산 (주9)	4,344,942,323	55,114,731,809
당기법인세자산	996,472,888	12,717,980,739
기타유동자산 (주10)	77,702,716,446	257,547,495,258
매각예정자산 (주35)	6,660,253,457,865	
비유동자산	6,469,579,463,451	6,655,812,661,122
유형자산 (주11)	1,684,563,340,866	1,596,271,317,726
사용권자산 (주12)	129,537,198,819	697,351,304,664
무형자산 (주13)	105,136,186,861	341,442,833,327
장기금융상품 (주6,7)	14,255,722,000	24,034,591,006
당기손익-공정가치 측정 금융자산 (주5,6,7)	1,801,384,240,769	1,229,097,428,653
매출채권및기타채권 (주6,7)	28,578,223,832	124,821,356,161
기타포괄손익-공정가치 측정 금융자산 (주5,6,7)	1,330,951,990,243	675,602,433,315
관계기업및공동기업 투자 (주14)	1,199,425,686,734	1,558,268,184,714
이연법인세자산 (주27)	108,572,845,624	381,279,417,985
기타비유동자산 (주10)	67,174,027,703	27,643,793,571
자산총계	17,014,238,663,770	12,299,527,120,786

(네이버의 2020년 재무상태표 일부분을 통해 유동성 배열 원칙을 확인할 수 있다.)

2) 재무상태표는 비교식으로 만들어진다.

재무상태표를 작성할 때 직전 연도의 같은 시기의 숫자와 올해의 것을 비교해서 만들어야 한다. 앞의 표(네이버 2020년 재무상태표)를 보면 22기(2020년)와 21기(2019년)의 재무상태표를 비교해서 제시하고 있음을 알 수 있다. 이처럼 재무상태표를 비롯한 재무제표는 비교식으로 작성된다.

비교식으로 작성하는 이유는 무엇일까? 마찬가지로 올 한 해의 숫자만을 보는 것에 비해서 전년도의 숫자와 같이 비교하며 보면 지난 일 년간의 변화를 쉽게 알 수 있게 된다. 일 년 동안 개선이 됐는지 악화가 됐는지 바로 알 수 있다는 장점이 있다. 이렇게 비교식으로 하도록 구조화하기에 정보의 활용도와 가치가 훨씬 높아진다고 할 수 있다.

3) 재무상태표는 중요성의 원칙으로 만들어진다.

재무상태표에는 많은 수의 계정과목이 등장한다. 하지만, 기업에 따라서 필요한 계정과목이 다르기 마련이다. 어떤 기업에는 A라는 계정과목이 중요한 반면 다른 기업에는 A가 사소할 수도 있다. 때문에 각 기업은 자신의 상황에 맞추어 계정과목을 선택해서 사용할 수 있다.

중요성의 원칙이란 계정과목 중 해당 기업에게 금액적으로 중요한 것은 별도의 계정과목으로 표기를 하되 사소하거나 부수적인 것들은 별도 표기를 하지 않고 기타라는 과목으로 한데 모아서 표시할 수 있다는 의미이다. 그리고 그 결정은 각 기업의 선택이다.

🕐 기본적인 용어 설명

재무상태표를 이해하기 위한 기본적인 용어들인 자산, 부채 등에 대해 살펴보자.

자산에는 유동자산과 비유동자산이 있다. 그렇다면 유동자산에는 어떤 자산들이 들어 있을까? 1년 내에 현금화가 가능하다는 정의는 현금화가 100% 가능하다는 의미가 아니라 관례나 경험상 그럴 가능성이 높은 자산이라는 뜻이다. 더불어 보유 목적이 1년 이내에 정리하는 것임을 의미한다. 구체적으로 열거하자면 아래의 세부 자산들이 유동자산을 이루고 있다.

- 현금, 예금, 단기 금융 상품, 매출채권, 재고자산 등

1년 이내에 현금화가 상대적으로 어려운 자산은 유동이 아니라는 의미에서 비유동자산이라 부르는데 그 안에는 대표적으로 다음과 같은 자산이 포함되어 있다. 이에 해당하는 명단을 보면 느껴지듯이, 보유의 목적이 1년 이내에 현금화하는 것이 아니라 장기간 보유하는 그런 자산을 비유동자산으로 분류한다.

- **유형자산**(토지, 건물, 시설, 기계 장치 등), **무형자산**(영업권, 특허권 등), **투자 부동산, 장기 금융 자산** 등

남의 돈이라는 직관적 용어로 함축적으로 표현한 부채도 이런 식으로 설명이 가능하다.

유동부채는 유동자산과 개념상 대칭점에 있는 것으로 보면 쉽다. 유동자산이 1년 내에 현금화하기 쉬운 자산인 반면, 유동부채는 1년 이내에 갚아야 하는 부채를 의미한다. 기준점인 1년이라는 기간이 동일하고 다만, "갚을 수 있느냐(현금

화)", "갚아야 하느냐"에서 대칭되는 차이가 생긴다. 유동부채 안에는 어떤 과목들이 구체적으로 포함되어 있을까?

- 매입 채무, 단기차입금, 당기 법인세 부채 등

부채를 유동이냐 비유동이냐로 구분하는 기준은 상식적으로도 이해가 가능한 부분이다. 같은 매입 채무라 하더라도 갚기로 한 날이 1년 이후라면 비유동, 1년 이내라면 유동으로 구분한다.

같은 관점으로 계약상 1년 이후에 상환이 도래하는 모든 부채는 비유동부채이다.

- 비유동 금융부채, 비유동 리스부채 등

자본에 대해서는 긴 설명이 군이 필요하지는 않을 것이다. 직관적 표현인 '내 돈'이 모든 것을 말해 준다. 하지만, 가장 기초적인 한 가지만 설명한다면 기업을 설립하는 시점에 투자한 돈을 자본금이라 부르는데 그 후 사업을 잘해서 매년 꾸준히 이익을 남긴다면 그 이익이 내 돈인 자본을 증가시키게 된다. 이때 이익이 쌓여지는 항목은 자본금이 아니라 '이익잉여금'이라고 부른다. 기타 자본 내에서 보이는 몇 가지 상세 항목은 몰라도 된다. (혹시 더 알고 싶다면 인터넷에서 조회해 보면 다양한 자본의 항목에 대한 설명을 알 수 있다.)

7 손익계산서 쉽게 이해하기

개념 및 용도

손익계산서는 일정한 기간 동안 기업이 벌어들인 수익과 지출한 비용을 정리한 보고서이다. 재무상태표가 특정한 시점에 본 결과이자 상태를 보여 주는 반면 손익계산서는 일정한 기간 동안 벌어들인 성과를 보여 준다.

손익계산서를 통해 우리는 아래의 사항을 알 수 있다.

- 해당 기간 동안 얼마를 팔았나?

- 원가가 얼마나 들었나?

- 직원에게 지급한 급여는 얼마나 들었나?

- 임차료가 전년 대비 올랐나, 내렸나?

- 어떤 용도로 가장 큰 비용을 사용했나?

- 영업을 하면서 이익이 남았나, 손실이 생겼나?

- 세금은 얼마나 냈나?

- 최종적으로 기업은 돈을 벌었나, 손해를 보았나?

손익계산서는 위와 같은 내용으로 기업이 일정한 기간 동안 거둔 성과를 일목 요연하게 보여준다.

손익계산서도 재무상태표와 마찬가지로 정보의 가치를 높여서 활용도가 올라 가도록 하기 위한 작성 원칙들이 있다. 이에 대해 살펴보겠다.

손익계산서의 작성 원칙

재무상태표의 원칙 중 비교식의 원칙과 중요성의 원칙은 동일하게 손익계산서 작성 시에도 적용되기에 설명을 생략하고 그 외의 원칙들만 소개하겠다.

1) 손익계산서는 구분 계산의 기준으로 만든다

손익계산서는 다음 그림과 같이 계단식 구조로 만든다. 이익의 단계를 하나씩 낮추어 가면서 구분해서 작성하고 볼 수 있게 만든다. 매출에서 시작해서 원가를 빼 매출 총이익(1단계), 판관비(판매비와 관리비)를 공제해서 계산하는 영업이익(2단 계), 영업외수익이나 비용을 더하고 빼서 나오는 세금전 이익(3단계), 그리고 법인 세를 공제하고 나오는 최종 단계인 당기순이익(4단계), 이런 식으로 단계를 구분 해서 단계마다의 이익을 계산하게 만든다. 이것을 구분 계산이라 부른다.

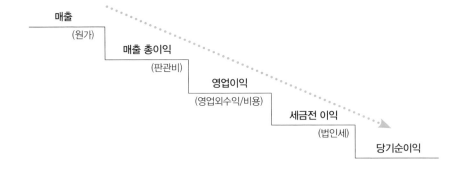

왜 이렇게 단계별로 구분하도록 만든 것일까?

이 또한 정보의 활용도와 가치를 높이는 원칙이다. 만일 위의 정보들이 이런 단계상의 구분 없이 마구잡이로 뒤섞여 있거나 수입과 지출이라는 단 두 개의 그룹으로 구분되어 있다면 정보의 활용도가 갑자기 뚝 떨어진다. 손실이 났을 때 어디서 문제가 나타났는지 진단이 어려워지고 그에 맞는 조치도 어려워진다. 그렇기 때문에 이런 구분을 두는 것은 기업 관리 목적상 너무나 유용한 것일 뿐만 아니라 투자자의 입장에서도 문제를 손쉽게 이해할 수 있는 장치인 셈이다.

2) 수익과 비용 대응 표시의 기준으로 만든다

또 다른 작성 원칙은 수익과 비용의 대응 표시이다. 수익과 관련 비용은 대응하여 인식하는데 특정 거래와 관련하여 발생한 수익과 비용은 동일한 회계 기간에 인식해야 한다. 만일 매출은 올해 일어났지만 후에 품질 보증에 따른 수선비 등이 내년 이후에 일어날 것이 예상된다면, 올해에 그 비용을 가장 적절한 예상의 가정으로 비용에 잡아야 한다는 의미이다. 왜냐하면 그 비용은 수익과 맞물려서 당연히 나타날 비용이기에 수익과 비용은 같은 기간에 대응해서 나타내 주어야 이익을 계산할 때 왜곡이 없을 것이기 때문이다.

이 외에도 발생주의, 총액주의 등의 기준이 있지만 그 부분은 설명을 생략하겠다. 모든 설명은 비담당자, 비전문가 입장에서 실제로 기업들의 재무제표를 읽고 이해하는 데 있어서 도움이 되는 부분에만 집중하도록 하는 것이 취지이기에 그 의도에 맞게 서술하고자 한다.

위에 설명한 손익계산서의 원칙들(구분 계산, 대응 표시, 비교식, 중요성)을 설명했는데 그 부분들을 아래의 실제 손익계산서를 보면 어느 정도 이해가 될 것 같다.

연결 손익계산서
제 53 기 2020.01.01 부터 2020.12.31 까지
제 52 기 2019.01.01 부터 2019.12.31 까지

(단위 : 백만원)

	제 53 기	제 52 기
매출액	103,997,601	105,746,422
매출원가	85,515,931	88,091,409
매출총이익	18,481,670	17,655,013
판매비와관리비	16,086,999	14,049,508
영업이익	2,394,671	3,605,505
공동기업및관계기업투자손익	16216200.0%	54282600.0%
금융수익	813,916	827,120
금융비용	955,991	475,218
기타수익	1,308,642	1,120,958
기타비용	1,630,144	1,457,425
법인세비용차감전순이익	2,093,256	4,163,766
법인세비용	168,703	978,120
연결당기순이익	1,924,553	3,185,646

(현대자동차 그룹의 2020년 연결 손익계산서)

재무제표를 구성하는 보고서는 재무상태표와 손익계산서 외에도 두 개가 더 있는데 이 책에서 읽어 볼 보고서는 재무상태표와 손익계산서, 이 두 가지에 집중하려 하기에 현금흐름표와 자본 변동표의 상세한 설명은 뒷부분으로 미루도록 하겠다.

8 재무제표의 연결성

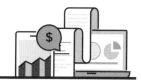

손익계산서와 재무상태표는 성과와 결과의 연결 관계를 갖는다. 1년간 거두어들이는 이익은 손익계산서를 통해 정리되어 보여지고 마지막 칸에 계산된 이익은 재무상태표 상의 내 돈인 자본으로 합해지는 결과 정리 작업이 이루어진다. 즉, 1월 1일부터 12월 31일까지 이어진 1년간의 성과는 12월 31일 자정을 기해 마감과 동시에 결과로 정리된다. 아래의 그림은 그런 관계를 보여 준다.

그렇다면 현금흐름표와 자본변동표는 어떤 관계가 있는 것일까? 이 둘은 재무상태표에 있는 항목 중 가장 중요한 '현금'이라는 자산과 내 돈인 '자본'이 지난 1년간 어떤 흐름을 거쳐서 현재의 금액이 되었는지 보여 주는 상세한 설명서와 같은 것이다.

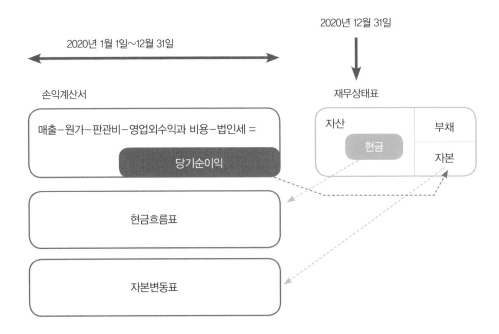

다시 설명한다면 재무제표는 1년간의 성과를 정리한 손익계산서와 1년을 마감하며 결과를 정리한 재무상태표를 축으로 재무상태표의 2개의 중요 항목인 현금흐름을 설명하는 현금흐름표와 내 돈의 변화를 설명하는 자본변동표로 구성된다.

성과(손익계산서) → 결과(재무상태표)
→ 결과의 2항목에 대한 설명(현금흐름표, 자본변동표)

지금까지의 설명을 통해 여러분은 이전에 재무제표를 전혀 모르셨다고 하더라도 이제는 무엇인지, 어떤 목적으로 만들어졌는지, 어떻게 연결이 되는지 등에 대해 대략적인 감을 얻으셨을 것으로 기대한다. 혹시 아직 이해가 안 되신다면 지금까지의 부분을 다시 한번만 더 정독하시길 감히 권해 본다.

9 재무제표는 어디서 볼 수 있는가?

우리나라에는 DART^Data Analysis, Retrieval and Transfer System라고 불리는 전자 공시 시스템이 존재한다. 이곳에 들어가 보면 전체 상장사들을 포함하여 규모가 있는 비상장사들(외부 감사 대상인 법인)도 기업의 사업보고서나 감사보고서를 제출하게 되어 있고 안에 재무제표가 포함되어 있다.

전자 공시 시스템은 상장 법인과 외부 감사 대상 법인 등이 공시 서류를 인터넷으로 제출하고, 투자자 등 이용자는 제출 즉시 인터넷을 통해 조회할 수 있도록 하는 종합적 기업 공시 시스템을 말하며 1999년에 서비스가 시작되었다. 이 시스템을 통해 우리가 알 만한 대부분의 기업들의 재무제표를 쉽게 조회할 수 있다.

조회 방법은 다음과 같이 단순하다.

사이트에 접속(http://dart.fss.or.kr/)하면 아래와 같은 창이 열린다.

검색 조건 : 회사명이 기본으로 설정되어 있어서 그 옆에 있는 빈 칸에 검색하고 싶은 회사명을 치고 검색 버튼을 누르면 된다. 예제로 '현대자동차'를 검색해 보면 아래의 그림과 같은 화면이 나오게 된다. 이 리스트 중 사업보고서 또는 감사보고서와 같은 제목의 라인을 클릭하면 재무제표를 볼 수 있다.

번호	공시대상회사	보고서명	제출인	접수일자	비고
1	유 현대자동차	임원·주요주주특정증권등소유상황보고서	홍정호	2021.10.12	
2	유 현대자동차	특수관계인으로부터기타유가증권매수	현대자동차	2021.10.07	공
3	유 현대자동차	자기주식처분결과보고서	현대자동차	2021.10.01	
4	유 현대자동차	영업(잠정)실적(공정공시)	현대자동차	2021.10.01	유
5	유 현대자동차	특수관계인으로부터기타유가증권매수	현대자동차	2021.09.27	공
6	유 현대자동차	생산재개(자율공시)	현대자동차	2021.09.27	유
7	유 현대자동차	기업설명회(IR)개최(안내공시)	현대자동차	2021.09.24	유
8	유 현대자동차	주요사항보고서(자기주식처분결정)	현대자동차	2021.09.16	
9	유 현대자동차	임원·주요주주특정증권등소유상황보고서	김우주	2021.09.15	
10	유 현대자동차	생산중단	현대자동차	2021.09.15	유
11	유 현대자동차	생산재개(자율공시)	현대자동차	2021.09.13	유
12	유 현대자동차	기업설명회(IR)개최(안내공시)	현대자동차	2021.09.09	유
13	유 현대자동차	생산중단	현대자동차	2021.09.09	유
14	유 현대자동차	기업설명회(IR)개최(안내공시)	현대자동차	2021.09.08	유
15	유 현대자동차	임원·주요주주특정증권등소유상황보고서	이상규	2021.09.08	

찰크기 변경시
UI고객 □

오늘본문서
(총0건)
∧
∨

[신규DART]
개선의견
남기기

?
이용가이드

∧ TOP

번호	공시대상회사	보고서명	제출인	접수일자	비고
91	유 현대자동차	특수관계인으로부터기타유가증권매수	현대자동차	2021.04.05	공
92	유 현대자동차	임원·주요주주특정증권등소유상황보고서	주진구	2021.04.02	
93	유 현대자동차	영업(잠정)실적(공정공시)	현대자동차	2021.04.01	유
94	유 현대자동차	특수관계인으로부터기타유가증권매수	현대자동차	2021.03.31	공
95	유 현대자동차	주식등의대량보유상황보고서(일반)	현대모비스	2021.03.31	
96	유 현대자동차	최대주주등소유주식변동신고서	현대자동차	2021.03.31	유
97	유 현대자동차	사외이사의선임·해임또는중도퇴임에관한신고	현대자동차	2021.03.24	
98	유 현대자동차	대표이사(대표집행임원)변경(안내공시)	현대자동차	2021.03.24	유
99	유 현대자동차	정기주주총회결과	현대자동차	2021.03.24	유
100	유 현대자동차	특수관계인으로부터기타유가증권매수	현대자동차	2021.03.22	공
101	유 현대자동차	기업설명회(IR)개최(안내공시)	현대자동차	2021.03.22	유
102	유 현대자동차	기업설명회(IR)개최(안내공시)	현대자동차	2021.03.22	유
103	유 현대자동차	사업보고서 (2020.12)	현대자동차	2021.03.16	연
104	유 현대자동차	생산재개(자율공시)	현대자동차	2021.03.15	유
105	유 현대자동차	감사보고서제출	현대자동차	2021.03.09	유

찰크기 변경시
UI고객 □

오늘본문서
(총0건)
∧
∨

[신규DART]
개선의견
남기기

?
이용가이드

∧ TOP

'현대자동차'의 경우 2020년 12월 사업보고서는 2021년 3월 16일 공시되었고 그 내용 안에 2020년도의 재무제표가 담겨 있다. 사업보고서(2020.12)를 클릭하면 아래의 페이지로 넘어가고 사업보고서 목록의 하단부를 살펴보면 재무제표를 볼 수 있다.

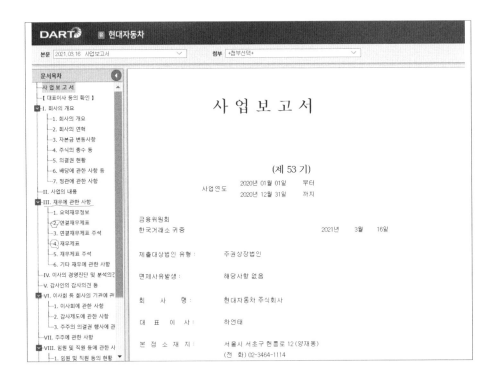

이렇게 DART에서 조회하기를 원하는 기업의 재무제표를 검색해 보는 것이 가장 일반적인 방법이다. 하지만 이 방법 말고도 몇 가지 방법이 더 있다. 조회하려는 기업이 상장사일 경우엔 네이버의 국내 증시를 조회하여 거기서 기업명을 치고 조회를 하는 방법도 있다.

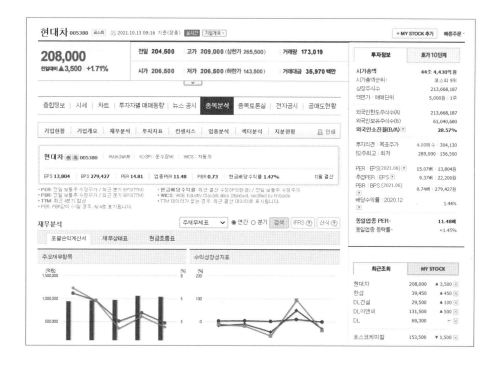

'네이버 금융 → 국내증시 → 기업명 → 종목분석 → 재무분석'의 순으로 따라 들어가면 위와 같은 화면이 나온다.

이렇게 보는 것이 단순하고 간편해서 상세한 주석 내용을 당장 볼 필요가 없을 경우에는 편리하게 이 방법을 사용할 것을 권한다. 그 밖의 다른 방법은 독자께서 직접 검색해 보시면 알 수 있을 것이지만, 위에서 소개해 드린 DART와 Naver 두 개의 정보로도 어느 정도 필요한 내용은 다 파악할 수 있다.

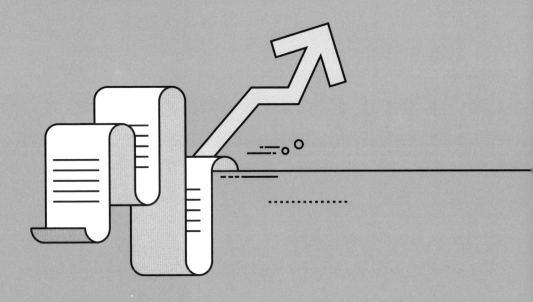

제2장

재무제표를 읽기 시작하다

재무제표를 읽는 3단계 비법

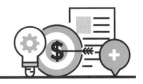

이제 본격적으로 기업들의 실제 재무제표를 가지고 읽는 법을 배워 가도록 하자.

재무제표를 보는 방법이 어느 특정한 한두 가지 방법만 존재하는 것이 아님을 먼저 밝힌다. 이 책에서 제시하는 방법은 지난 30여년간 내가 배우고 익히고 숙고해서 나름대로 다양한 목적으로 사용해 온 방법으로, 독자들에게도 재무제표를 통해 기업을 이해하는 데 유용하게 사용될 수 있을 것이라 확신한다. 그렇기에 앞으로 재무제표를 읽어 나갈 때 이 방식을 사용하겠다.

요령은 복잡하지 않다. 기업을 설명하는 재무제표를 읽을 때 3단계로 나누어 읽으면서 한 계단 또 한 계단을 내려가듯 큰 관점에서 세부적인 관점으로 살펴볼 것이다. 아래의 그림에서는 각 단계를 더 쉽게 이해하도록 친숙한 이름을 부여했다.

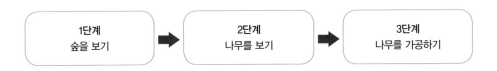

1단계 숲을 보기	→	2단계 나무를 보기	→	3단계 나무를 가공하기

이 개념을 실제 재무제표를 읽어 가면서 상세히 연습을 해 보겠다. 먼저 우리가 볼 기업을 이해하기 위해 아래 기사*를 먼저 보겠다.

BTS 美빌보드 새 역사⋯'디지털 송 세일즈' 최다 1위

○○뉴스 2021.10.13

방시혁 대표에 의해 조직된 그룹 방탄소년단(BTS)이 미국 빌보드 차트에서 발군의 성적을 연이어 거두며 대한민국 엔터테인먼트 산업의 새 역사를 쓰고 있다.

2021년 10월 12일 발표된 빌보드 차트에 따르면, BTS가 콜드플레이와 함께 2021년 9월 24일 발매한 〈마이 유니버스(My Universe)〉가 '디지털 송 세일즈' 차트에서 2주 연속 1위를 차지했다.

더불어 이전에 발표된 BTS의 히트곡 〈버터(Butter)〉 역시 여전히 식지 않는 인기를 과시하고 있다. 2021년 5월에 발매된 이 노래는 '핫 100' 58위를 기록하면서 20주째 차트 내에 머물렀다.

이밖에도 BTS는 U.N.에서의 연설 등으로 지구촌에서 가장 유명한 존재가 된 느낌이 든다.

지금부터 대한민국 문화를 통해 빌보드의 역사를 바꾼 BTS 소속사인 주식회사 '하이브'의 재무제표를 살펴보겠다.

---

* 이하 모든 기사는 실제 기사를 바탕으로 발췌 후 재구성하였음.

② 1단계 : 숲을 보기

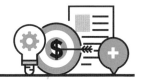

〈숲을 보기〉라는 말에는 보는 사람이 숲 밖에 있다는 점이 전제되어 있다. 우리는 어떤 기업을 더 세밀하게 살펴보기 전에 멀찍이 떨어져서 다음의 내용들을 한눈으로 쓱 훑어보는 정도로 재무제표를 살펴보는 것을 말한다.

"여긴 뭐 하는 기업이지?"

"이 기업은 얼마나 덩치가 크지?"

"자기 돈과 남의 돈이 얼마씩 구성되고 있지?"

"한 해에 얼마나 팔고 있지?"

"매출이 빠르게 성장하고 있나?"

"이익이 나고 있나? 손해를 보고 있나?"

〈1단계 : 숲을 보기〉는 독서로 따진다면 추천사, 머리말, 목차 등을 먼저 보며 책의 전체적인 주제와 대략적 내용, 그리고 구성을 보는 것과 다르지 않다.

이 단계를 통해 "피상적으로 훑어보는 게 의미가 있을까? 너무 수박 겉핥기 아닌가?" 하는 생각을 할지도 모르지만 그렇지 않다. 필자는 개인적으로 서점에서 책을 고를 때 이 1단계를 반드시 하는 편이다. 온라인으로 주문할 때도 마찬가지다. 이것을 하는 것과 안 하는 것은 천지 차이라고 생각한다. 용도와 목적에 따라 다르겠지만, 이 1단계를 익혀 두면 더 볼 가치가 있는 기업인지 아닌지 어느 정도 분간을 할 수 있다.

예제로서 방탄소년단의 소속사인 '하이브'를 DART에서 찾아보자. 연습을 위해 찾아 들어가는 화면을 한 번 더 소개하고 이후의 사례부터는 생략하겠다. DART에 접속하여 기업명에 '하이브'를 치고 검색하면 아래의 화면이 뜬다. 우리는 이 중 '2020년 사업보고서'를 조회해 보려 한다.

이 화면 하단에 페이지 구분이 나오는데 2020년 보고서는 통상 다음해 3월 말 전에 올라오기에 일자에 맞추어 뒤로 넘겨 보면 2020년 3월 22일 자로 공시가 되어 있는 사업보고서(2020.12)를 아래와 같이 찾을 수 있다. 이것을 클릭하면 다음 그림처럼 사업보고서가 별도 창으로 열린다.

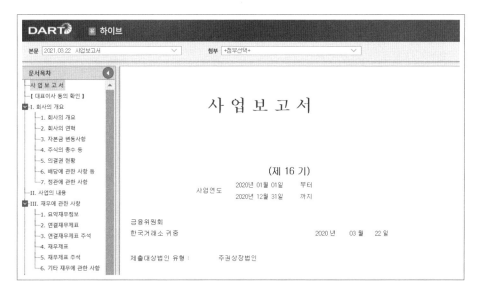

여기까지 왔으면 이제 이 사업보고서를 토대로 〈1단계 : 숲을 보기〉로 들어가 보겠다.

위의 그림의 좌측 리스트를 보면 [1.회사의 개요] 부분이 나온다. 이 부분의 중요한 내용만 읽어 보는 것도 도움이 된다. 주식회사 '하이브'의 개요를 그대로 발췌해서 인용하면 다음과 같다.

다. 회사의 법적 · 상업적 명칭
회사명은 "주식회사 빅히트엔터테인먼트"이고, 영문명은 "Big Hit Entertainment Co., Ltd."입니다.

주) 2021년 3월 30일 제16회 정기주주총회에 상정한 제2호 의안 '정관 일부 변경의 건'에 상호 변경의 건이 포함되어 있습니다.
  - 변경 전 : 주식회사 빅히트엔터테인먼트(Big Hit Entertainment Co.,Ltd.)
  - 변경 후 : 주식회사 하이브(HYBE Co., Ltd.)

라. 설립일자
당사는 2005년 2월 1일 '주식회사 더빅히트엔터테인먼트'로 설립되었습니다.

마. 본사의 주소, 전화번호, 홈페이지 주소
- 본사의 주소 : 서울특별시 강남구 테헤란로 108길 42(대치동)
- 전화번호 : (+82) 02-3444-0105
- 홈페이지 주소 : http://www.ibighit.com

아. 주요 사업의 내용 및 향후 추진하려는 신규사업에 관한 간략한 설명
당사는 엔터테인먼트 기업으로서 글로벌 아티스트를 육성하고 최고 품질의 음악 기반 라이프스타일 콘텐츠를 제작 및 서비스하고 있습니다.

당사 사업의 상세 내용은 본 사업보고서 「II. 사업의 내용」을 참고하시기 바랍니다.

이전의 사명이 '빅히트 엔터테인먼트'였지만 2021년 3월 30일부로 주식회사 '하이브'로 이름이 변경되었다. 이 기업은 엔터테인먼트 기업으로서 글로벌 아티

스트를 육성하고 최고 품질의 음악 기반 라이프 스타일 콘텐츠를 제작 및 서비스

하는 일을 하는 곳이라는 소개도 알 수 있다

　이제 재무제표를 열람해 보자. 다시 앞에서 봤던 사업보고서를 보면 〈Ⅲ. 재무

에 관한 사항〉 아래에 재무제표가 자리하고 있다. 그중 요약 재무 정보를 먼저 열

어 보려 한다. 자, 클릭!

　(연결재무제표는 그 기업이 지분을 가지고 있는 종속 회사들의 실적까지 투자한 비율로 포함한 것

이고, 별도 재무제표는 종속 회사들의 실적을 제외한 그 기업만의 실적을 의미한다.)

가. 요약 연결 재무 정보(단위 : 천 원)

구분	2020년(제16기)	2019년(제15기)	2018년(제14기)
회계처리기준	K-IFRS 연결	K-IFRS 연결	K-IFRS 연결
〈요약 연결재무상태표〉	2020년 12월 말	2019년 12월 말	2018년 12월 말
유동자산	1,389,256,653	294,652,316	171,707,518
당좌자산	1,327,295,640	281,680,726	166,002,371
재고자산	61,961,013	12,971,590	5,705,147
비유동자산	535,185,985	68,337,520	33,821,650
투자자산	10,933,588	3,899,801	5,128,484
유형자산	48,409,167	8,184,913	8,751,498
무형자산	288,374,913	25,743,454	6,328,275
기타비유동자산	187,468,317	30,509,352	13,613,393
[자산총계]	1,924,442,638	362,989,836	205,529,168
유동부채	296,242,203	174,561,335	105,462,338
비유동부채	429,261,025	14,905,580	12,807,296
[부채총계]	725,503,228	189,466,915	118,269,634
지배주주지분	1,195,334,846	174,183,579	87,259,534
자본금	17,811,880	834,881	772,917
주식발행초과금	1,147,514,940	211,100,917	198,574,802
기타자본	(13,520,499)	4,025,286	3,522,288
기타포괄손익누계액	(472,708)	(57,982)	(67,888)
이익잉여금(결손금)	44,001,233	(41,719,523)	(115,542,585)
비지배지분	3,604,564	(660,658)	－

[자본총계]	1,198,939,410	173,522,921	87,259,534
〈요약 연결손익계산서〉	(2020.1.1~2020.12.31)	(2019.1.1~2019.12.31)	(2018.1.1~2018.12.31)
매출액	796,283,397	587,224,478	301,371,824
매출원가	421,538,126	385,686,888	189,978,918
매출 총이익	374,745,271	201,537,590	111,392,906
판매비와 관리비	229,229,622	102,795,121	31,462,308
영업이익	145,515,649	98,742,469	79,930,598
법인세비용차감전순이익	126,246,523	98,492,423	(48,449,260)
연결당기순이익	87,061,118	72,424,095	(70,465,579)
비지배지분순이익	1,340,362	(1,398,968)	–
기타포괄손익	(375,624)	11,384	(54,113)
총포괄이익	86,685,494	72,435,479	(70,519,692)
비지배지분포괄이익	1,379,464	(1,397,490)	–
기본주당손익(원)	2,986	2,951	(54,030)
연결에 포함된 회사 수	15	10	3

　　요약 재무 정보를 그대로 복사해 왔다. 이 표를 보는 순간 "아, 그럼 그렇지 쉽다고 꼬드기더니 역시 복잡해. 머리 아픈 건 질색이야."라면서 책을 덮으려는 분은 잠시 동작을 멈춰 주시라.

　　다행히도 이 내용을 다 보지 않아도 된다. 이제 숲을 보기 위한 항목들만 선택해서 보도록 하겠다.

3 하이브라는 숲을 보기

단위: 억원	2020년	2019년	2018년
1단계: 숲을 보기			
총자산	19,244	3,630	2,055
총부채	7,255	1,895	1,183
자본	11,989	1,735	873
매출	7,963	5,872	3,014
영업이익	1,455	987	799
당기순이익	871	724	(705)
매출성장율	35.6%	94.9%	

① 이 회사 덩치는 어느 정도이지? → 총자산(=내 돈+남의 돈) = 1조9,244억원

② 내 돈과 남의 돈은 얼마나 되지?

→ 자본 1조1,989억원(62%) + 부채 7,255억(38%)

(내 돈이 남의 돈보다 약 1.7배 많다)

③ 지난 해에 일마나 팔았지? → 매출 7,963억

④ 매출은 얼마나 성장했나?

→ 매출 성장률 (2020/2019년 = +36%), (2019/2018년 = +95%)

⑤ 이익은 나고 있나?

→ 영업이익(본 사업에서 난 이익) = 1,455억 (매출대비 18%)

당기순이익(세금 포함한 모든 비용을 뺀 후 남는 이익) = 870억 (11%)

자, 이렇게 쓱 훑어본 것만으로도 우리는 다음의 내용에 대해 파악할 수 있다.

- 매출이 8천억에 육박하는데 가진 총자산은 1조9,244억, 즉 2조 가까운 거대 기업이다

- 내 돈이 남의 돈보다 훨씬 많은 기업이구나. (알짜로세.)

- 매출이 2019년엔 그 전년 대비 2배로 컸지만, 2020년엔 36% 성장했네.

- 36%도 그 규모에서는 매우 높은 것이지

- 본 사업에서 나오는 이익이 매출의 18%나 되네. (많이 남는 사업을 하고 있네.)

- 이자와 세금까지 포함한 모든 비용을 다 제해도 11%가 남네. (은행이자율이 1% 조금 넘는다는데 도대체 몇 배를 버는 거지?)

이런 정도의 내용을 파악하는 데 5분밖에 걸리지 않을 것이다. 〈1단계 : 숲을 보기〉의 짧은 노력만으로도 그 기업에 대해 꽤 의미 있는 정보가 도출되지 않았는가? 우리는 이제 이렇게 얻은 숲에 해당하는 커다란 정보를 기억에 담고서 숲 속으로 걸어 들어가 나무를 볼 것이다.

4 2단계 : 나무를 보기

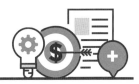

〈나무를 보기〉는 재무제표를 더 세부적으로 3가지 관점으로 나누어 관찰한다는 의미이다.

① **안정성**

기업의 재무상태가 얼마나 안정적인가를 분석하는 것으로서 재무상태표를 통해서 파악할 수 있다.

② **수익성과 성장성**

기업의 매출 성장과 이익률을 통해 얼마나 수익성이 있는지를 분석하는 것으로서 손익계산서를 통해서 파악할 수 있다.

③ **효율성**

기업이 가지고 있는 자원을 얼마나 효율적으로 사용하여 어느 정도 이익을 남겼는지를 분석하는 것으로서 재무상태표와 손익계산서를 교차하며 파악한다.

안정성, 수익성과 성장성, 효율성이라는 관점은 앞으로도 기업을 분석하는 데 있어서 매우 효과적인 분석의 눈을 갖도록 도와줄 관점이기에 아래의 설명을 통해 이해도를 높이면 좋을 것 같다.

🥧 안정성을 나타내는 지표들

- **유동비율(=유동자산/유동부채)** : 이 비율을 통해 유동부채(1년 내에 갚아야 하는 부채)를 갚을 수 있는 유동자산(1년 이내 현금으로 바꿀 수 있는 자산)이 어느 정도 준비되어 있는지 알 수 있다. 높을수록 안정적인 자산 구조를 보유한 것으로 이해할 수 있다. 100% 이상이라면 단기 자금의 유동성 측면에서 큰 문제가 없다고 할 수 있지만 유동성 위기에 빠진 기업의 경우 50% 이하인 경우가 흔하다.

- **당좌비율(=(유동자산-재고자산)/유동부채)** : 유동자산 중 현금화할 경우에 상대적으로 가치 하락이 클 수 있는 가능성이 높은 재고자산을 유동자산에서 제외하고 유동부채로 나눈 것이다. 당좌비율은 유동비율과 같이 기업의 유동성을 측정하는 지표이지만 유동비율보다 더욱 보수적으로 유동성을 진단하는 것으로 보면 된다. 당좌비율로 위기 신호를 감지할 때 30% 미만의 경우 심각한 위기로 받아들일 수 있다.

- **부채비율(=부채 총액/자본 총액)** : 이 비율을 통해 남의 돈이 내 돈에 비해 어느 정도 큰가를 알 수 있다. 우리나라 정부의 권고 사항은 부채비율 200% 이하이다. 부채비율이 높다는 것은 갚아야 할 빚이 많다는 의미이기에 일단

위험 신호라고 인식해야 한다. 투자의 신이라 불리는 워렌 버핏은 좋은 사업과 좋은 투자는 부채 없이도 높은 이익을 얻을 수 있다고 했다. 그는 부채 비율이 높은 회사는 경기 하락 국면에 금융 비용 때문에 도산할 위험이 높다고 보고 있어서 부채를 끌어들여 주주 이익을 높이기보다는 차라리 안정된 회사를 만들어 나가는 것을 선호한다.

- **현금 보유량**(=현금성 자산/1개월치 판관비) : 회계를 '비즈니스의 언어'라고 부를 수 있다면, 현금은 '기업의 피'라고 불러야 마땅할 것이다. 우리의 몸은 피를 많이 흘려서 과다 출혈 상태가 되면 생명을 잃게 되듯 기업의 현금 유출이 과다하면 최악의 경우 도산에 이르게 된다. 기업 도산/부도는 주어야 할 돈을 못 주는 상태이고 그것은 바로 현금이 부족해서 나타나는 결과이다. 이런 면에서 현금 보유량을 점검하는 것은 필수적인 안정성 지표가 된다. 현금 보유량을 측정하는 기준은 매출 대비로 볼 수도 있고, 총자산에서 차지하는 비중도 사용할 수 있지만, 여기선 월간 판관비와 비교해서 몇 달치 규모의 현금을 보유하고 있는지를 비교하려 한다. 이 지표는 만일의 경우 매출이 나오지 않거나 심각한 타격을 받을 경우 몇 달 정도 운영이 가능한가를 보는 것이다. 현금 보유량은 기업마다 각기 다른 기준을 가지고 있기에 일률적으로 몇 달치의 판관비를 보유해야 한다고 규정하기는 어렵다. 하지만 통상적으로 2~3개월치 판관비보다 낮을 경우 불안함을 주는 것은 사실이다.

🥧 수익성과 성장성을 나타내는 지표들

- **매출 성장률**(=(당기 매출액－전기 매출액)/전기 매출액) : 매출이 전년 대비로 얼마나 성장했는지를 보여 주는 지표이다. 매출의 성장 속도는 대단히 중요하다. 고속 성장을 하는 기업의 경우 상대적으로 높은 가치를 받을 가능성이 높기 때문이다. 특히나 스타트업이나 급격히 팽창하는 분야에 있는 기업들에게는 매출 성장 속도가 더욱 중요하다고 볼 수 있다.

- **매출 총이익률**(=매출 총이익/매출) : 매출액에서 그 매출을 일으키기 위해 들어간 원가를 공제한 것을 매출 총이익이라고 한다. 이 숫자가 의미하는 바는 해당 기업 원가율을 알 수 있도록 해 주기에 의미가 있다. 원가율이 높다는 것은 낮은 수익(낮은 매출 총이익)이 나는 사업을 하고 있다는 의미이다. 총이익이 낮으면 높은 경우에 비해서 매우 불리하다. 총이익이 낮은 기업이 취할 수 있는 흔한 조치는 운영 경비(판관비)를 줄이는 노력을 기울이는 것인데 그것이 참 힘들다. 물론 가격을 올려서 총이익률을 높이는 조치도 고려해 볼 수 있지만 그런 조치는 많은 경우 기업의 경쟁력을 일시에 저하시킬 수 있기에 조심스러울 수밖에 없다.

- **영업이익률**(=영업이익/매출) : 기업이 하고 있는 사업에서 만들어낸 이익의 정도를 의미한다. 영업활동에서 나오는 이익은 기업에게는 지금 살아갈 양식이고 미래를 위해 투자할 소중한 재원이다. 때문에 영업이익률 분석을 통해 매출액, 원가율, 판관 비율 등의 적정성을 역으로 추적하며 개선의 방향을 잡아 나가서 궁극적으로 사업을 통해 얻는 이익을 극대화하는 노력을 해야만 한다.

- **당기순이익률**(=당기순이익/매출) : 기업이 일정 기간 행한 사업을 통해 최종적으로 남은 이익을 당기순이익이라 한다. 당기순이익은 결국 내 돈인 자본으로 편입되는 돈이다. 때문에 손익계산서의 결론을 당기순이익으로 보아도 크게 틀린 해석은 아니다. 아무리 매출이 높아도 매년 손해를 보는 장사를 하고 있다면 내 돈이 지속적으로 줄어드는 것이고 결과적으로 내 돈은 없고 빚만 남아 있는 기업으로 전락할 수도 있다. 당기순이익은 그런 의미에서 수익성 지표임과 동시에 내 돈을 늘려 주는 안정성 지표이기도 하다.

📊 효율성을 나타내는 지표들

- **총자산이익률**(=당기순이익/총자산) : 기업들 사이에는 동일한 규모의 자산을 가지고 누구는 더 벌고 누구는 덜 버는 결과가 필연적으로 나타난다. 비슷한 맥락으로 동일한 이익을 벌기 위해 누구는 더 큰 자산을 가지고 있고 누구는 작은 규모의 자산을 사용한다. 이런 차이를 효율성의 차이라고 한다. 총자산이익률은 당기순이익을 총자산액으로 나눈 비율로서 자산의 효율적인 활용성을 측정하는 지표이다.
- **자기자본이익률**(=당기순이익/총자본) : 총자산이익률이 자산의 효율적 활용을 보는 지표라면 자기자본이익률은 총자본의 효율적인 활용을 측정하는 지표이다. 워렌 버핏이 투자를 결정할 때 가장 중요하게 봤던 지표라고 잘 알려져 있는데 그는 자기자본이익률 15% 이상의 기업들에 최우선적으로 투자를 집행했다고 한다. 우리나라 기업들을 분석해 보면 알겠지만 자기자본

이익률이 15% 이상인 기업은 그리 많지 않다.

- **재고자산회전율**(=매출/재고자산) : 재고자산이란 매출을 일으키기 위해 필수적인 자원이다. 즉, 재고자산이 없다면 매출도 없다는 것이다. 팔 것이 없는데 매출이 어떻게 나오겠는가? 그 정도로 재고자산은 장사의 근간이 되는 것이다. 그렇기에 재고자산의 효율적인 활용을 검토하는 것은 의미가 크다. 가장 방만하게 운영되는 것 중 하나가 재고자산인 이유는 높은 매출 목표를 세울 경우 일시에 재고자산이 크게 늘어날 수 있기 때문이고 목표한 매출에 이르지 못하면 큰 재고자산은 역으로 기업의 유동성에 지장을 주는 부메랑이 되어 돌아오기 때문이다. 재고자산회전율은 재고자산을 활용해 얼마만큼의 매출을 일으켰느냐를 알게 해 주는 지표로서, 만일 300%라면 재고자산의 3배의 매출을 기록했다는 의미이다. 그렇기에 높을수록 재고자산을 효율적으로 사용하고 있다는 의미이다.

- **매출채권회전율**(=매출/매출채권) : 재고자산이 아직 팔기 전의 제품원가라면 매출채권은 팔고 난 이후에 받아야 할 대금이다. 매출채권회전율이 높다는 의미는 일정액의 매출을 일으키는 데 있어서 남아 있는 받을 외상 대금이 적다는 의미와 같다. 반대로 이 지표가 낮으면 매출을 늘리기 위해서 너무 많이 외상으로 팔거나 대금을 제때 안 주는 거래처를 대상으로 무분별하게 매출을 했다는 의미일 수 있다. 이 또한 특별한 기준이 있지는 않지만 동종 업계의 다른 기업들의 지표와 비교해 보면 쉽게 그 기업의 수준을 알 수 있다.

지금까지 설명한 지표들을 요약 정리해 보면 아래와 같다.

안정성 지표	유동비율, 당좌비율, 부채비율, 현금 보유량
수익/성장성 지표	매출 성장률, 매출 총이익률, 영업이익률, 당기순이익률
효율성 지표	총자산이익률, 자기자본이익률, 재고자산회전율, 매출채권회전율

이 지표를 중심으로 주식회사 '하이브'의 재무제표를 나무보기 관점으로 진단해 보도록 하자.

5. 하이브라는 나무를 보기

연결 재무제표 안에 있는 재무상태표와 손익계산서를 그대로 가져오면 아래와 같다.

연결 재무상태표

제 16 기   2020.12.31 현재

제 15 기   2019.12.31 현재

제 14 기   2018.12.31 현재   (단위 : 천원)

	제 16 기	제 15 기	제 14 기
자산			
유동자산	1,389,256,653	294,652,316	171,707,518
현금및현금성자산	380,243,932	160,780,830	58,064,738
당기손익-공정가치 측정 금융자산	64,993,637		36,817,279
매출채권	112,304,729	94,607,697	49,201,245
금융리스채권	34,793		
기타유동금융자산	722,368,425	5,750,441	12,450,900
기타유동자산	47,350,124	20,541,758	9,468,209
재고자산	61,961,013	12,971,590	5,705,147

비유동자산	535,185,985	68,337,520	33,821,650
당기손익-공정가치 측정 금융자산	9,590,711	1,572,021	1,892,865
비유동금융리스채권	63,013		
기타비유동금융자산	22,799,512	10,757,572	3,194,526
공동기업투자 및 관계기업투자	1,342,877	2,327,780	3,235,619
유형자산	48,409,167	8,184,913	8,751,498
사용권자산	149,756,883	8,654,524	9,434,846
무형자산	288,374,913	25,743,454	6,328,275
이연법인세자산	13,683,709	8,523,282	458,811
기타비유동자산	1,165,200	2,573,974	525,210
자산총계	**1,924,442,638**	**362,989,836**	**205,529,168**
부채			
유동부채	**296,242,203**	**174,561,335**	**105,462,338**
매입채무	34,563,790	25,342,680	13,575,752
전환상환우선주부채		5,143,282	9,301,013
리스부채	19,721,559	5,289,457	2,959,831
기타유동금융부채	82,672,008	36,931,276	33,893,664
당기법인세부채	30,964,502	15,946,850	13,264,223
기타유동부채	126,914,048	84,828,925	32,436,298
유동성장기차입금	868,427	1,010,397	
충당부채	537,869	68,468	31,557
비유동부채	429,261,025	14,905,580	12,807,296
리스부채	122,421,323	2,841,429	4,878,439
장기차입금	200,116,550	209,790	
기타비유동금융부채	66,288,000	3,000	
순확정급여부채	5,051,552	4,285,728	2,990,303
이연법인세부채	21,625,085	73,294	593,707
기타비유동부채	3,741,338	5,772,378	2,592,956
충당부채	10,017,177	1,719,961	1,751,891
부채총계	**725,503,228**	**189,466,915**	**118,269,634**
자본			
지배기업의 소유지분	1,195,334,846	174,183,579	87,259,534
자본금	17,811,880	834,881	772,917
주식발행초과금	1,147,514,940	211,100,917	198,574,802
기타자본	-13,520,499	4,025,286	3,522,288
기타포괄손익누계액	-472,708	-57,982	-67,888
이익잉여금(결손금)	44,001,233	-41,719,523	-115,542,585
비지배지분	3,604,564	-660,658	
자본총계	**1,198,939,410**	**173,522,921**	**87,259,534**
자본과부채총계	**1,924,442,638**	**362,989,836**	**205,529,168**

연결 포괄손익계산서

제 16 기 2020.01.01 부터 2020.12.31 까지
제 15 기 2019.01.01 부터 2019.12.31 까지
제 14 기 2018.01.01 부터 2018.12.31 까지

(단위 : 천원)

	제 16 기	제 15 기	제 14 기
매출액	796,283,397	587,224,478	301,371,824
매출원가	421,538,126	385,686,888	189,978,918
매출총이익	374,745,271	201,537,590	111,392,906
판매비와관리비	229,229,622	102,795,121	31,462,308
영업이익	145,515,649	98,742,469	79,930,598
기타수익	492,796	154,231	97,511
기타비용	4,294,638	510,638	1,768,914
지분법손익	-1,605,603	-907,839	-124,381
금융수익	6,542,650	7,490,975	2,207,145
금융비용	20,404,331	6,476,775	128,791,219
법인세비용차감전순손익	126,246,523	98,492,423	-48,449,260
법인세비용	-39,185,405	-26,068,328	-22,016,319
당기순이익(손실)	87,061,118	72,424,095	-70,465,579

숲을 볼 때와 마찬가지로 나무를 볼 때에도 이 두 개의 보고서에 담긴 모든 숫자를 볼 필요는 없다. 색으로 표시된 부분의 숫자만 보면 3가지 관점의 지표들을 어렵지 않게 계산할 수 있다. 그것을 정리한 다음의 표를 보며 〈2단계 : 나무를 보기〉를 시작해 보자.

단위: 억원	2020년	2019년	2018년
2단계: 나무를 보기			
안정성 관점			
유동비율	469%	169%	163%
부채비율	61%	109%	136%
현금규모(/월판관비)	20	19	22

수익/성장성 관점			
매출성장율	36%	95%	
원가율	53%	66%	63%
매출총이익율	47%	34%	37%
영업이익율	18%	17%	27%
판매관리비율	29%	18%	10%
당기순이익율	11%	12%	-23%
효율성 관점			
총자산이익율	5%	20%	-34%
자기자본이익율	7%	42%	-81%
재고자산회전율	1285%	4527%	5282%
매출채권회전율	709%	621%	613%

이렇게만 보면 언뜻 이해가 안 되는 것처럼 느껴지지만 안정성, 수익성/성장성, 효율성을 하나씩 구분해서 관찰하면 어렵지 않게 의미가 보이기 시작한다.

단위: 억원	2020년	2019년	2018년
안정성 관점			
유동비율	469%	169%	163%
당좌비율	448%	161%	157%
부채비율	61%	109%	136%
현금규모(/월판관비)	20	19	22

안정성을 먼저 보자.

유동비율이 469%를 보이는 것은 1년 내에 갚을 빚의 4.7배에 해당하는 갚을 재원이 있다는 의미이기에 대단히 안정적인 수준이라는 것을 알 수 있다. 당좌비율도 유동비율과 매우 유사한데 재고자산이 상대적으로 작은 업종의 특성이 반영되어 그렇다.

부채비율이 61%라는 것은 부채보다 자본이 훨씬 많다는 의미로서 이 또한 매우 안정적인 기업임을 말해 준다.

현금 보유량은 20개월치 판관비와 동일한 규모로 나온다. 쉽게 말해 당장 매출이 하나도 일어나지 않는다고 해도 지금처럼 비용을 쓰면서도 20개월을 살 수 있다는 의미이다.

이 3가지 지표를 통해 우리는 '하이브'의 재무적 안정성이 대단히 양호함을 알 수 있다.

단위: 억원	2020년	2019년	2018년
수익/성장성 관점			
매출성장율	36%	95%	
원가율	53%	66%	63%
매출총이익율	47%	34%	37%
영업이익율	18%	17%	27%
판매관리비율	29%	18%	10%
당기순이익율	11%	12%	-23%

다음에는 수익성과 성장성 관점의 분석을 살펴보자.

'하이브'의 매출 성장률(2020년 vs 2019년)은 36%이다. 하지만 1년을 더 과거로 늘려서 보면 2019년에는 전년 대비 95% 성장했다. 엄청난 성장 속도를 보이다가 2020년 코로나* 사태로 인해 매출에 타격을 보았을 것을 감안해도 성장률이 매우

---

* 정확한 명칭은 '코로나바이러스감염증-19(COVID-19)'이지만 이 책에서는 코로나로 표기한다.

높다고 볼 수 있다. 이 기업은 성장률이 대단히 매력적인 기업인 것이다.

2020년 매출 총이익률은 47%로서 2019년보다 무려 13%가 높아졌다. 매우 인상적인 결과이다. 이 숫자만 가지고도 '하이브'가 BTS를 통해 거두어들이는 수입의 유형이 높은 원가가 들어가는 것에서 낮은 원가가 들어가는 것으로 이동하고 있음을 알게 된다. 그게 오프라인 콘서트 방식에서 온라인 콘서트 방식으로의 전환 때문인지는 더 조사를 해봐야 하겠지만 분명한 것은 2020년에는 큰 변화가 나타났다는 것이다.

이들의 영업이익률은 18%, 당기순이익률은 11%이다. 이 정도의 이익률이 얼마나 높은 것인지는 〈3단계 : 나무를 가공하기〉를 통해 더 분명하게 파악할 수 있겠지만, 언뜻 이 몇 가지 수익성과 성장성 지표를 통해 우리는 '하이브'의 성장 속도와 수익성이 대단히 매력적임을 알 수 있다.

단위: 억원	2020년	2019년	2018년
효율성 관점			
총자산이익율	5%	20%	-34%
자기자본이익율	7%	42%	-81%
재고자산회전율	1285%	4527%	5282%
매출채권회전율	709%	621%	613%

세 번째 지표인 효율성 관점의 지표들을 보자.

총자산이익률(5%)과 자기자본이익률(7%) 모두 2020년에 갑자기 낮아졌다. 2019년에는 믿을 수 없을 만큼 놀라운 숫자를 보여 주다가 2020년도에 급격히 낮아졌다. 이것은 당연한 것이다. 2020년에 '하이브'는 주식시장에 상장을 하고 엄청난 규모의 자본을 유치했다. 즉, 일시에 자본이 커졌다는 의미이다. 그렇게 커진 자본으로 인해 자산도 같이 커졌다. 자본은 갑자기 크게 늘었지만 일시에 늘어난 자본이나 자산이 곧바로 매출과 이익으로 연결될 수는 없었기에 일시적으로 효율성 지표가 낮아진 것이다. 하지만, 그들의 사업과 수익 구조가 탄탄하게 유지된다면 늘어난 자본이 시간을 두고 더 큰 동력을 만들어 낼 수 있을 것이다.

재고자산회전율은 2020년에 2019년 대비로 크게 낮아졌는데 그 이유는 재고액이 크게 늘어났기 때문이다. 2019년 재고액이 129억이다가 2020년에 619억으로 자그마치 4.8배로 늘어났다. 통상적인 예라면 당연히 위험 신호일 수 있지만, '하이브'의 특성을 감안하고 볼 때 이것을 위험하게만 볼 필요는 없을 것 같다. 2020년도에 상장을 통해 1조 가까운 자금이 들어왔기에 그 여력에 힘입어 앞으로 만들어 갈 더 큰 성장을 바라보며 무언가 투자를 늘리고 있음이 커진 재고자산에서 느껴지기 때문이다.

매출채권회전율이 점진적으로 높아지고 있는 점은 긍정적인 신호로 보인다.

이처럼 3가지 관점의 지표를 통해 우리는 '하이브'에 대해서 훨씬 더 많은 깊이 있는 내용을 알게 된다. 어떤가? 숲을 보았던 1단계 분석을 지나 나무를 보는 2단계 분석을 하고 나니 더 뚜렷이 '하이브'라는 기업이 보이지 않는가?

이제 우리는 〈3단계 : 나무를 가공하기〉에 진입할 준비가 되었다.

6 3단계 : 나무를 가공하기 - 하이브 vs JYP vs SM

이제 마지막 단계인 〈3단계 : 나무를 가공하기〉이다. 나무를 가공한다는 의미는 나무를 측정한 후 용도에 맞게 가공한다는 의미이다. 즉, 기준점을 세우고 그에 맞추어 목표를 잡는 단계를 의미한다.

이번 단계에서 가장 중요한 것은 기준점을 세우는 것이다. 기준점은 어떻게 세울 수 있을까? 다른 기업과 비교를 통해서 상황과 수준을 점검하는 과정에서 세울 것이다. 비교의 의미가 있고 상세한 비교가 가능한 다른 기업들과 나란히 두고 보는 것만으로도 많은 통찰을 얻게 된다.

자 그럼, '하이브'와 다른 기업을 비교하는 작업을 진행해 보자. 비교 대상 기업은 우리나라 대표 엔터테인먼트 기업이자 세계 시장에 가장 먼저 뛰어들었던 'JYP'와 국내 최대 엔터테인먼트 기업인 'SM'이다.

단위: 억원	하이브		JYP		SM	
	2020년	2019년	2020년	2019년	2020년	2019년
1단계: 숲을 보기						
총자산	19,244	3,630	2,239	2,078	10,689	11,156
총부채	7,255	1,895	377	455	4,527	4,829
자본	11,989	1,735	1,862	1,623	6,161	6,328
매출	7,963	5,872	1,444	1,554	5,799	6,578
영업이익	1,455	987	441	435	65	404
당기순이익	871	724	296	312	(803)	(162)
당기순이익율(%)	11%	12%	21%	20%	-14%	-2%
매출성장율	35.6%	94.9%	-7.1%	24.5%	-11.8%	7.4%

숲을 보는 관점으로 바라본 '하이브'의 위치와 상태는 어디일까?

'하이브'는 2020년 상장을 했기에 상장의 순서로는 가장 늦은 기업이지만 자산 규모나 매출면에서는 국내 엔터테인먼트 기업들 중에서 가장 규모가 크다. 우선 자산 규모로 '하이브'는 'SM'보다 1.8배, 'JYP'보다 8.6배나 큰 거대 기업이다. 매출로 보아도 'SM'보다 1.4배, 'JYP'의 5.5배 큰 매출을 기록하고 있다. 그리고 여전히 BTS의 인기는 전 세계 최강이다.

더욱 고무적인 면은 대부분의 엔터테인먼트 기업들의 매출이 후퇴한 2020년에 '하이브'만 유일하게 36%의 높은 성장률을 거두었다. 다만, 당기순이익률에서 'JYP'의 이익률이 워낙 높기에 그보다 낮은 수준을 기록했지만 'SM'에 비해서는 월등히 탁월한 성적을 거두고 있다.

한 가지 더 생각해 볼 수 있는 것은 매출 1천4백억에 21%의 순이익을 기록하는 것과 매출 약 8천억에 11%의 순이익을 기록하는 것 중 무엇이 더 도달하기 어려운 것인지는 한번 더 생각해 볼 부분이다. 왜냐하면 규모의 성장이 그만큼 쉽지 않기 때문이다. 예상하기로는 '하이브'가 국내에서 최초로 엔터테인먼트 기업으로서 매출 1조 클럽에 도달할 수 있을 유력한 후보라는 점이다. 국내 기업 중 어떤 엔터테인먼트 기업도 도달해 보지 못한 1조 매출에 도달하는 최초의 기업이라는 영광스런 수식어는 '하이브'에게 주어질 가능성이 가장 높다고 할 수 있다. 만일 '하이브'가 1조 매출을 달성한다면 2위부터 4위에 해당하는 'SM', 'YG', 그리고 'JYP'의 3사의 매출을 모두 합한 것과 비슷한 규모를 혼자 달성하는 것이다.

이런 내용을 살펴볼 때 '하이브'의 위상을 우리는 더 입체적으로 이해하게 된다.

이전에 설명했듯이 〈2단계 : 나무를 보기〉 과정을 세 기업을 비교하면서 진행해 보자.

단위: 억원	하이브		JYP		SM	
	2020년	2019년	2020년	2019년	2020년	2019년
2단계: 나무를 보기						
안정성 관점						
유동비율	469%	169%	381%	269%	149%	144%
당좌비율	448%	161%	380%	268%	146%	141%
부채비율	61%	109%	20%	28%	73%	76%
현금규모(/월판관비)	20	19	13	14	19	20
수익/성장성 관점						
매출성장율	36%	95%	-7%	25%	-12%	7%
원가율	53%	66%	47%	51%	66%	67%
매출총이익율	47%	34%	53%	49%	34%	33%
영업이익율	18%	17%	31%	28%	1%	6%
판매관리비율	29%	18%	23%	21%	33%	27%
당기순이익율	11%	12%	21%	20%	-14%	-2%
효율성 관점						
총자산이익율	5%	20%	13%	15%	-8%	-1%
자기자본이익율	7%	42%	16%	19%	-13%	-3%
재고자산회전율	1285%	4527%	32212%	22495%	5079%	4457%
매출채권회전율	709%	621%	742%	1085%	425%	508%

안전성 관점을 비교해서 진단하기 위해 유동비율을 먼저 보자. '하이브'의 유동비율이 469%로 가장 높게 나타나고 그 뒤를 이어 'JYP'와 'SM' 순으로 이어진다. 부채비율에서는 'JYP'가 가장 안전하게 보이지만 나머지 두 기업들도 매우 안정적인 부채비율을 가지고 있다. 그 외에도 현금 보유량에서 세 기업들 모두 월 판관비의 13~20개월치에 해당하는 현금을 가지고 있다.

안정성 면에서는 세 기업들 모두 수준급의 안정성을 보이는 것으로 보인다. 예전에는 엔터테인먼트 업종이 위험이 높은 곳으로 알려졌었지만 이제는 더 이상 그렇지 않음을 알 수 있다.

다음으로 수익성과 성장성 면을 비교해 보자.

우선 매출 성장률 면에서 '하이브'가 나머지 두 기업을 압도한다. 2019년에는 2018년 대비 거의 두 배에 이르는 폭발적인 성장을 이루더니 코로나로 인한 사회적 충격이 극에 달했던 2020년에도 '하이브'는 36%의 매출 성장을 이루어 냈다. 하지만, 수익률 면에서는 'JYP'가 상대적으로 우월하다. 'SM'의 이익률이 유난히 저조한데 영업이익률과 당기순이익률 모두 3사 중 최하위를 기록하고 있다. 'JYP'의 이익률은 영업이익률 31%이고 당기순이익률이 21%로서 이 정도의 이익률이면 대단히 높은 수준으로 볼 수 있을 것이다.

효율성에서 3사를 비교해 보겠다.

역시나 총자본이익률이나 자기자본이익률에서는 'JYP' 〉 '하이브' 〉 'SM' 순으로 좋은 성과를 보이고 있다. 특히나 주목할 점은 'JYP'의 자기자본이익률은 16%로서 워렌 버핏이 제시한 15%의 투자 기준을 웃돌고 있다. '하이브'는 2019년에 대단히 높은 효율성을 보였지만 2020년 주식 시장 상장으로 인한 자본의 폭발적 증가로 인하여 지표가 현저히 둔화되었다고 보면 될 것이다. 이 점을 감안한다면 '하이브'의 효율성이 3사 중 가장 선두권에 위치하고 있다고 해도 무방할 것이다. 결론적으로 '하이브'와 'JYP'가 효율성 면에서 선두 그룹을 형성하고 있고 'SM'이 멀찌기서 뒤따라가는 모습이다.

어떤가? 이렇게 경쟁사와 비교를 통해 '하이브'의 수준이 확실히 더 선명히 보이지 않은가?

이런 식의 비교 분석은 단순히 이차원적인 분석이지만 결과 조망에서 삼차원의 분석으로 진화되는 재미를 준다. 오래전 한국의 엔터테인먼트 업계는 'SM'의 1강 체제로 주도되는 시장이었고, 빅뱅이나 걸 그룹 2NE1을 앞세운 'YG'가 시장을 석권한 때가 있었지만, 이제는 더 이상 그렇지 않고 '하이브'가 압도적인 영향력을 나타내고 있고 그 뒤를 'JYP', 'SM', 그리고 'YG'가 뒤따르는 형국으로 진행되는 것으로 보인다.

주식회사 '하이브'를 통해 〈1단계 : 숲을 보기〉, 〈2단계 : 나무를 보기〉, 〈3단계 : 나무를 가공하기〉의 3단계를 모두 살펴보았다. 이제 또 다른 기업들을 더 등장시켜서 우리가 학습했던 이 과정이 머리에 남도록 반복하여 연습해 보는 순서로 넘어가 보도록 하자.

다만, 이후의 내용은 〈3단계 : 나무를 가공하기〉 개념을 별도로 진행하지 않고 처음부터 2개 또는 3개의 기업들을 비교하는 방식으로 풀어 가 자연스레 기준과 목표가 느껴지도록 할 예정이다. 때문에 1단계와 2단계만 보인다고 해도 의아해 할 필요는 없다.

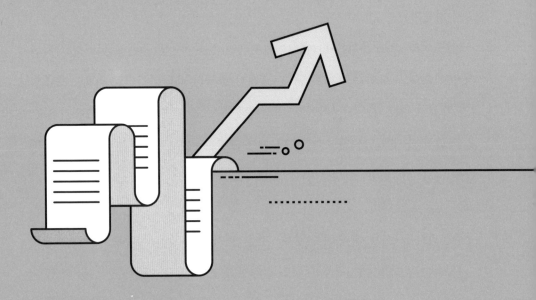

제3장

재무제표 vs 재무제표

우아한형제들 vs 무신사
혜성같이 등장한 두 개의 유니콘 기업

'우아한형제들'과 '무신사'의 기업 스토리

 對

최근 공정거래위원회는 2020년 12월 28일 독일 기업 '딜리버리히어로[DH]'에 '우아한형제들'을 인수하려면 한국 법인 '딜리버리히어로 코리아'를 매각하라는 조건부 승인 결정을 내렸다. DH 측이 최종적으로 이를 수용하는 것으로 결정을 내리면서 6개월 내로 그들이 소유하고 있는 배달 애플리케이션(앱) '요기요'를 포

함해 '딜리버리히어로 코리아' 지분 전체를 매각하겠다고 밝혔다. 더불어 '우아한
형제들'과 'DH'는 50 대 50 지분으로 싱가포르에 합작 회사인 '우아DH아시아'를
설립하면서 김봉진 '우아한형제들' 의장이 회장을 맡아 'DH'의 아시아 11개국 사
업 전반을 경영하기로 했다는 내용의 기사가 대부분의 언론사에 의해 보도됐다.

　필자는 2012년부터 9년간 이탈리아와 영국에서 머물며 경영 현장에서 일하다
가 2021년 1월 한국으로 돌아왔다. 코로나 시국이었기에 2주 동안 격리 생활을
하면서 가장 자주 애용한 서비스가 바로 '배달의민족'이었다.
　웹디자이너 출신인 김봉진 대표가 설립한 스타트업 '우아한형제들'은 대한민
국의 대표적인 배달 애플리케이션 '배달의민족'을 개발한 기업이다. 애플리케이
션 '배달의민족'은 2010년 6월에 출시되었고, 회사(우아한형제들)는 애플리케이션
이 출시된 지 5개월 뒤에 설립되었다. '요기요', '배달통'과 함께 대한민국 배달 애
플리케이션 시장에서 경쟁하고 있지만 사실상 '배달의민족'의 점유율이 압도적
으로 높다. 독일 회사 '딜리버리히어로'(이하 DH)에 의해 2020년 인수되었다. 'DH'
가 인수할 당시 '우아한형제들'의 기업 가치를 약 4조 이상으로 평가했기에 '우아
한형제들'은 당당히 대한민국의 유니콘 기업으로 등극했다.

　'우아한형제들'과 비교해 볼 기업은 패션 플랫폼이라는 쉽지 않은 분야에서 눈
부신 성장으로 유니콘 기업으로 등극한 기업인 '무신사'이다.
　'무신사'는 지난 2021년 3월 '세쿼이어캐피탈'과 'IMM인베스트먼트'로부터
1,300억 원 규모의 투자를 유치했다. 그것은 지난 2019년 11월 '세쿼이어캐피탈'
로부터 2,000억 원 투자를 유치한 데 이은 두 번째 투자 유치로서 약 2조5,000억

원의 기업 가치를 인정받은 것이다.

업계 관계자들은 만일 '무신사'가 2022년경 IPO에 나설 경우 예상되는 시가 총액이 3조가 넘어갈 것으로 예상하고 있다.

2001년 '무지하게 신발 사진이 많은 곳'이라는 프리챌 커뮤니티로 시작한 '무신사'는 온라인 커뮤니티 내의 스니커즈 마니아들의 소통 공간이었다. 또한 최신 패션 동향과 관련 정보를 획득할 수 있는 장소였다. 이용자들은 나이키, 아디다스 등 해외 유명 브랜드 한정판 운동화 사진과 국내 거리 문화, 패션 스타일 등을 이곳에서 공유했다. 커뮤니티 공간으로 시작한 모임이 기업화되더니 급기야 국내 10번째 유니콘 기업이 됐다.

'무신사'는 20년간 패션이라는 한 우물만 파온 기업이다. 신생 브랜드를 발굴하고, 이들과 공생해 회사를 키워왔다. 지난 해 기준 거래액은 1조 원을 훌쩍 뛰어넘어 1.4조에 이르렀고, 매출액 또한 3천억 원을 넘어섰다. 시장에서는 이르면 내년 중으로 '무신사'의 기업공개IPO를 예상하고 있는데 상장을 통해 무신사가 글로벌 시장으로 저변을 넓히며 해외 시장에서의 존재감을 올릴 것으로 기대한다.

설립된 지 10년 이하의 비상장 스타트업으로서 1조 원 이상의 가치를 인정받은 기업을 유니콘 기업이라고 부른다. 신생 기업이 상장 전에 꿈의 숫자인 1조 원의 가치가 된다는 것은 상상 속에서나 가능하기에 유니콘이란 이름으로 부른다.

CB인사이트 등재 기준으로 2020년 10월 현재 국내에서 유니콘 기업으로 이름을 올린 기업은 2014년 '쿠팡'과 '옐로모바일'을 시작으로, 'L&P코스메틱', '크래프톤', '비바리퍼블리카', '우아한형제들', '야놀자', '위메프', '지피클럽', '무신사', '에이프로젠'까지 총 11개 기업이다. 이 숫자는 전 세계 국가들 중에 6위에 해당한다.

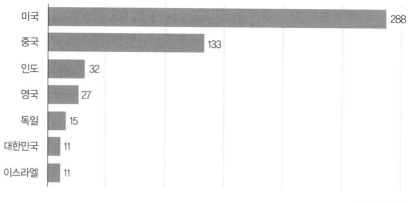

출처: Statistica

그리고 2021년 7월 중소벤처기업부 발표에 따르면 기업 가치가 유니콘 기업으로 평가받는 기업이 증가하고 있어서 발표 시점을 기준으로 했을 때, 15개까지 늘어난 것으로 파악됐다.

우리 정부는 2022년까지 이런 기업을 20개 이상 늘릴 계획을 세우고 있다. 그만큼 국가적 차원에서 유니콘 기업을 만들려는 열망이 크다. 왜 그럴까? 유니콘 기업의 숫자가 많아질수록 국가 경제에 이롭기 때문이다. 규모가 큰 회사인 만큼 당연히 신규 고용이 많이 늘어나고 새로운 혁신 서비스도 생겨난다. 더불어 유니콘 기업을 통해 투자와 수익의 과정에서 '자금 흐름상의 선순환'도 가능하다.

[투자 유치 → 1조원 기업 가치 창출 → 투자사 이익 실현 → 다른 스타트업에 재투자 → 후속 유니콘 기업 발굴] 이런 선순환을 통해 국가 경제에 커다란 도움을 줄 수 있는 것이 유니콘 기업이다.

이 두 기업을 비교한다는 것은 대한민국 역사에서 빼놓을 수 없는 유니콘 기업 간의 비교이자, 가장 독보적인 배달 애플리케이션의 강자와 가장 혁신적인 패션 플랫폼의 강자를 비교하는 것이다. 비록 서로 다른 분야의 산업 간의 비교이지만 유니콘 기업이 가지고 있는 강점과 매력이 무엇인지 느껴 보는 데 있어서 충분한 가치가 있다고 생각되어 선정했다.

'우아한형제들'과 '무신사'의 재무제표를 DART에서 조회하면 이전에 소개한 '하이브'처럼 복잡하고 긴 재무상태표와 손익계산서를 접하게 된다. 이제부터 소개해 드리는 기업 간의 비교에서는 그 원본 재무상태표와 손익계산서를 그대로 인용하지 않으려 한다. 분석용으로 필요한 항목들만 추려서 가져와 그것으로 분석용 재무상태표와 손익계산서를 만들 것이다.

분석용 재무상태표	우아한 형제들		무신사	
단위: 억원	2020년	2019년	2020년	2019년
유동자산	4,906	3,825	3,156	2,642
현금성자산	1,890	2,273	967	375
매출채권	112	59	324	294
재고자산	91	31	1,041	850
총자산	6,973	5,371	4,923	4,162
유동부채	5,967	3,963	1,652	1,352
총부채	6,414	4,305	3,243	2,884
자본	559	1,066	1,680	1,278
총부채와 자본 합계	6,973	5,371	4,923	4,162

분석용 손익계산서	우아한 형제들		무신사	
단위: 억원	2020년	2019년	2020년	2019년
매출	10,995	5,654	3,319	2,197
매출원가	0	0	1,308	869
매출총이익	10,995	5,654	2,012	1,329
판관비	11,107	6,019	1,556	836
영업이익	-112	-364	456	493
당기순이익	-486	-756	376	435

이 정도로 단순화시키고 나니 이전에 비해 쉬워 보이지 않는가? 이 두 가지 단순화한 보고서를 가지고 읽고 해석하는 과정을 하겠다. 재무제표 풀 버전은 이번 학습 과정을 다 마치고 나서 재무제표가 좀 익숙해지면 그때 다시 보면 좋을 것이다.

🕐 1단계 : 숲을 보기

단위: 억원	우아한 형제들		무신사	
1단계: 숲을 보기	2020년	2019년	2020년	2019년
총자산	6,973	5,371	4,923	4,162
총부채	6,414	4,305	3,243	2,884
자본	559	1,066	1,680	1,278
매출	10,995	5,654	3,319	2,197
영업이익	(112)	(364)	456	493
당기순이익	(486)	(756)	376	435

11년의 업력을 가진 '우아한형제들'과 21년의 업력을 가진 '무신사'. 이 두 기업은 설립 연도 기준으로 볼 때 약 10년의 차이를 가지고 있다. 하지만 '무신사'보다 10년이나 늦게 시작된 '우아한형제들'이 자산 규모 면에서 2019년에는 1.3배였고 2020년에는 그 차이를 더 벌려서 1.4배의 규모를 가지고 있다.

매출 규모의 차이를 보면 크기가 더욱 커진다. '우아한형제들'이 2019년에 2.6배, 2020년에 3.3배 더 큰 매출을 올렸다. 지난 10년간 어떤 일이 있었는지 우리는 모른다. 하지만, 만일 이처럼 '우아한형제들'이 매출에서 격차를 꾸준히 벌려

왔다면 덩치가 더 큰 기업으로 성장해 왔음이 당연해질 것이다. 매출 성장률을 한번 보자. '우아한형제들'이 2020년(2019년 대비) 94% 성장률을 자랑한다. 숫자로 보면 1년 동안 5천6백억에서 1.1조가 됐다. 조 단위 매출 한번 만들어 보고자 갖은 방법을 동원하고 애를 써도 수년 동안 그 벽을 못 깨는 기업들이 수두룩한데 이렇게 쉽사리 훌쩍 조를 1년 만에 돌파해 버리다니, 이건 넘사벽 성장률로 느껴진다. '우아한형제들'의 두 배 성장으로 인해 낮은 것 같은 착시 현상을 일으키지만 '무신사'의 2020년 매출 성장률은 51%였다(2,197억 → 3,319억). 이 또한 엄청난 숫자이다. 이래서 성장 중에 있는 스타트업 기업들, 특히 유니콘 기업들을 보며 하늘로 날아가는 로켓 같다는 느낌을 받는 것이다. 실례로 또 다른 유력 유니콘 기업인 '마켓컬리'의 2020년 매출 성장률을 보면 124%로서 가히 로켓에 버금간다.

덩치는 '우아한형제들'이 훨씬 더 크지만, '무신사'는 수익성 면에서 압도적인 비교 우위를 점하고 있음을 알 수 있다. '무신사'의 2019년 영업이익률은 12%, 2020년 9%이다. 코로나 사태로 인해 영향을 크게 받았지만 두 기업 모두 다행스럽게 잘 성장하고 이익률도 선방을 했다.

결론적으로 두 기업 모두 성장률이 탁월하다. 덩치는 '우아한형제들'이 크지만 수익성은 '무신사'가 앞선다. '우아한형제들'이 추구하는 방향은 극단적인 빠른 성장으로 보인다. 반면 '무신사'는 수익률도 다져 가면서 성장하는 모습이다.

🕐 2단계 : 나무를 보기

나무는 안정성, 수익성과 성장성, 효율성의 3가지 앵글로 본다는 점을 다시 기억하자.

1) 안정성

먼저 안정성을 살펴보면 아래와 같다.

단위: 억원	우아한 형제들		무신사	
	2020년	2019년	2020년	2019년
안정성 관점				
유동비율	82%	97%	191%	195%
당좌비율	81%	96%	128%	133%
부채비율	1147%	404%	193%	226%
현금규모(월판관비기준)	2.0	4.5	7.5	5.4

'우아한형제들'의 유동비율(1년 내 갚아야 할 부채를 갚을 수 있는 돈이 있나?)은 82%로서 살짝 부족함이 느껴진다. 당좌비율(재고자산을 제외한 유동자산으로 계산한 조금 더 보수적인 유동성 점검 비율)은 81%로서 거의 차이가 없다. 이는 재고자산이 거의 없는 사업 분야이기 때문이다. 문제는 부채비율이다. 1,147%라는 것은 부채가 자본에 비해 11배 많다는 것을 뜻한다. 이 상황에서는 아마도 추가적인 대규모의 자금이 유입되지 않고서는 고속 성장을 한다는 게 불가능한 상황으로 보인다. 유동비율과 당좌비율에서 '우아한형제들'이 정말 위험한 수준으로 보이지는 않지만 적어도 많은 부채로 인하여 성장의 벽에 부딪혔다는 것은 알 수 있다. 이 숫자를 놓고

보면 왜 '우아한형제들'이 전 세계 배달 사업 최강자인 '딜리버리히어로'에게 기업을 매각했는지 이해할 수 있다. '우아한형제들'은 빠른 성장을 안정적으로 지원할 수 있는 존재가 필요했고 'DH'는 사업 확장을 주도해 줄 수 있는 새로운 부스터가 필요했을 것이다. 이처럼 서로의 필요가 맞아 떨어져 M&A가 성사됐을 것이라는 합리적 추론을 하게 된다. 그래서인지 최근 '우아한형제들'은 한국을 넘어서 동남아에서의 고속 성장을 위해 과감한 도전을 시작하는 행보를 보이고 있다. 고속 성장을 확대하기 위해 시장의 크기를 늘리고 있다고 보여진다. '우아한형제들'의 안정성의 부족함은 현금 보유량에서도 그대로 보인다. 2020년 말 기준 2개월 치 판관비 정도만 보유하고 있을 정도로 현금 사정은 그리 넉넉치 않다.

'무신사'의 안정성은 어떨까? 유동비율 191%, 당좌비율 128%로서 단기 부채를 상환할 충분한 현금 유동성을 확보하고 있음을 알 수 있다. 부채비율은 193%로 기준선인 200%를 약간 하회하는 수준을 나타내고 있다. 단기 유동성에는 문제가 없지만 부채비율이 아주 낮다고 볼 수 없다. 현금 보유량이 전년(5.4개월분 판관비) 대비 양호해진 7.5개월분 판관비 수준이다.

안정성 측면을 전체적으로 살펴보니 '무신사'가 '우아한형제들'보다 양호한 상태를 보이고 있음을 쉽게 알 수 있다.

2) 수익성/성장성

단위: 억원	우아한 형제들		무신사	
	2020년	2019년	2020년	2019년
수익/성장성 관점				
매출성장율	94%		51%	
원가율	0%	0%	39%	40%
매출총이익율	100%	100%	61%	60%
영업이익율	-1%	-6%	14%	22%
관리비율	101%	106%	47%	38%
당기순이익율	-4%	-13%	11%	20%

'우아한형제들'의 수익성 지표들은 온통 마이너스 투성이다. 영업이익과 당기순이익 등이 모두 손실이기 때문이다. 어떤 관점으로 보면 이 점이 이해가 안 갈 수도 있다. "매출이 거의 두 배로 뛸 정도로 장사가 잘 됐는데 왜 손실이 났지?", "비용이 매출의 101%를 차지하는 이 구조가 정상적일까?"라는 생각으로 이 기업을 무언가 대단히 이상한 기업으로 생각하는 착시 현상이 나타날 수도 있다. 이런 현상은 고속 성장을 하고 있는 기업들에게서 흔히 나타나는 현상 중 하나이다.

'무신사'는 상대적으로 대단히 양호한 수익률을 보이고 있지만 그들의 관리비율을 보면 역시나 매출이 51%나 성장했음에도 매출 대비 38%(2019년)에서 47%(2020년)로 9%나 뛰어올랐다. 일반적인 경우는 이와 반대이다. 매출이 오르는 정도보다 낮은 정도로 판관비가 오른다. 그럼으로써 이익률이 조금이라도 상승하는 것인데 '무신사'는 다른 흐름을 보이는 것이다. (반대의 경우인 매출이 하락하는 경우라면 판관비가 매출하락률보다 작게 떨어져 손실률을 키우게 된다.)

또 다른 유력한 유니콘 기업인 '마켓컬리'의 수익성/성장성 지표를 보아도 비슷한 모습을 만나게 된다.

단위: 억원	마켓컬리	
	2020년	2019년
매출	9,531	4,259
영업이익	(1,163)	(1,013)
당기순이익	(2,224)	(2,415)
매출성장율	124%	
원가율	82%	84%
매출총이익율	18%	16%
영업이익율	-12%	-24%
관리비율	30%	40%
당기순이익율	-23%	-57%

'마켓컬리'의 2020년(2019년 대비) 매출 성장률은 124%였다. 1년 사이 매출이 2.2배 이상이 됐다는 것이다. 많은 스타트업들의 궁극의 목표는 무엇일까? 바로 시장 지배력이다. 다시 말해 독점적 지위를 누리는 것이다. 그 사업 부문에서 나 혼자 하거나, 절대적인 비교 우위로 경쟁자들을 압도하면서 시장의 절대 강자가 되려는 것이 그들의 목표점이다. 때문에 초고속 성장은 그들의 로드맵을 가능하게 만들어 주는 특효약일 수밖에 없다. 가장 빠른 기간 내에 가장 큰 사업을 만드는 것이 주요 전략으로 작동하기에 이런 현상은 나타난다.

때문에 스타트업들의 재무제표를 볼 때는 그 점을 염두에 두어야 한다. 고속 성장을 추구할 것이냐 수익성을 추구할 것이냐 하는 선택의 문제에 부딪히는 상황에서 스타트업들은 대부분 고속 성장을 추구한다. 쉽게 표현해서 필요한 때에 수익률은 다듬고 조정하며 만들면 된다. 하지만 규모는 그렇게 못한다. 원하는 규모를 신속하게 달성하고 수익은 그후에 만든다. 이 단순한 전략을 대부분 사용하고 있고 여전히 그 전략은 합리적이다.

'우아한형제들'이나 '마켓컬리' 모두 이 전략대로 실행해 가고 있음을 저 단순한 재무제표를 통해서 느끼게 된다. 94%나 124%와 같은 폭발 성장을 하면서 어떻게 진통이 없을 수 있겠는가? 그럼에도 두 기업 모두 서서히 적자율을 줄여가고 있는 점이 눈에 띈다.

이런 현상이 비단 우리나라 스타트업에게서만 보여지는 것일까? 그렇지 않다. 얼마 전 〈오징어게임〉을 통해 전 세계를 놀라게 만든 '넷플릭스Netflix'의 기록과 비교해 보자.

unit: Million USD										
	1998	1999	2000	2001	2002	2003	2004	2005	2006	2007
매출	1	5	36	74	151	270	501	682	997	1,205
매출성장율		730%	639%	107%	103%	79%	85%	36%	46%	21%
영업이익	(11)	(30)	(58)	(37)	(12)	4	19	3	64	91
누적영업이익	(11)	(41)	(99)	(136)	(148)	(143)	(124)	(121)	(56)	35
영업이익율	-1906%	-619%	-160%	-50%	-8%	2%	4%	0%	6%	8%

(넷플릭스 연도별 손익 현황)

'넷플릭스'는 1998년에 설립되었고 누적 개념으로 이익으로 돌아설 때까지 대략 10년이 걸렸다. 주목할 부분은 초기에 그들이 기록한 매출 성장률이다. 730%, 639%, 107%, 103%, 79%, 85% 등 초기 7년간 평균 290%라는 경이적인 성장률을 보여 주고 있다. 누적 영업이익이 적자 상태였던 마지막 해인 2006년의 매출은 997million USD(한화 1.2조)로서 '우아한형제들'의 지금 매출과 유사하다.

이러한 기업들이 보여주는 메시지는 분명하다. 단기간 동안 초고속으로 (마치

로켓처럼) 성장하려면 힘을 만들어 내는 추진체와 연료가 충분해야 한다는 점이다. 속도는 사업 아이디어, 최상의 팀, 경영자 등 필요한 것이 많겠지만 무엇보다 쓸 수 있는 돈의 크기에 좌우된다.

그럼 '우아한형제들'과 '무신사'는 2020년에 어느 곳에 돈을 가장 많이 썼을까? 이 점이 궁금해진다면 재무제표를 더 확장해서 보면 된다. 판관비 상세 내역은 손익계산서를 그런 형식으로 만들어 공시하는 기업도 있고 주석에 따로 기재하는 기업도 있다.

'우아한형제들'의 손익계산서에 아래와 같은 내용이 있다.

과 목	제 10(당)기	제 9(전)기	증가율
Ⅱ.영업비용	1,110,707,891,678	601,876,953,212	85%
종업원급여	175,695,354,341	109,185,880,665	61%
원재료구입비용	497,024,872	777,667,534	-36%
상품구입비용	169,814,726,769	43,451,744,084	291%
광고선전비	49,014,883,773	37,125,481,575	32%
감가상각비	28,027,128,511	13,327,963,633	110%
무형자산상각비	1,805,149,974	1,485,807,940	21%
외주용역비	329,424,140,884	143,610,623,979	129%
지급수수료	223,374,014,850	119,813,413,650	86%
지급임차료	3,046,844,124	1,992,560,731	53%
통신비	9,850,243,116	6,067,568,073	62%
운반비	9,059,814,340	4,235,265,589	114%
판매촉진비	67,931,854,426	96,633,840,264	-30%
대손상각비	219,060,147	13,896,234	1476%
소모품비	10,185,265,500	6,125,574,883	66%
보험료	5,366,234,707	4,810,412,846	12%
교육훈련비	7,666,858,286	4,324,747,276	77%
관리비	4,290,719,575	2,751,783,619	56%
포장비	4,682,233,240	673,191,427	596%
기타영업비용	10,756,340,243	5,469,529,210	97%

대충 보아도 거의 대부분의 비용 항목들의 전년 대비 증가율이 50%가 다 넘는다. 가장 큰 비용은 외주 용역비와 지급 수수료, 그리고 종업원 급여인데 모두 증가율이 높다. 다른 항목도 마찬가지다. 잘 생각해 보면 증가율이 높은 항목들이 성장과 밀접하게 관련되어 있다. 성장하니까 사람 더 뽑고, 사람이 많아지니까 공간이 더 필요해 임차료 올라가고, 성장하니까 배달원 등 인력에 대한 수수료가 더 나가는 등등 성장을 위해 지불하는 돈이 크게 늘어나는 것이 보인다.

반면 '무신사'는 주석에 다음과 같이 판관비 내역을 공시하고 있다.

급여, 퇴직급여, 복리 후생비, 주식 보상 비용 등 급여성 관련 비용의 급증이 눈에 띈다. 자연스럽게 추가되는 공간으로 인해 늘어나는 연관 비용도 늘었음을 알 수 있다. 패션 플랫폼 기업의 특성상 광고 선전비도 급증했다. 이 또한 성장을 높게 가져가기 위해 들어가는 비용들로 보인다.

27. 판매비와관리비
당기와 전기 중 판매비와관리비의 내역은 다음과 같습니다.

(단위: 천원)

구 분	제 9(당) 기	제 8(전) 기	증가율
급여	36,255,622	16,454,120	120%
퇴직급여	2,827,997	1,431,065	98%
복리후생비	3,647,363	1,424,825	156%
여비교통비	182,702	294,269	-38%
접대비	132,945	105,659	26%
통신비	422,845	214,708	97%
세금과공과금	1,502,200	602,888	149%
감가상각비	3,594,848	1,506,764	139%
사용권자산상각비	6,630,910	1,183,594	460%
보험료	857,365	318,421	169%
운반비	962,743	5,402,365	-82%
도서인쇄비	902,322	625,781	44%
소모품비	3,150,005	2,916,682	8%
지급수수료	40,730,208	21,150,000	93%
광고선전비	36,029,059	17,636,788	104%
판매촉진비	1,278,079	1,098,323	16%
매출채권손상차손(환입)	-3,897	87,216	-104%
무형자산상각비	678,372	476,377	42%
주식보상비용	3,807,556	1,292,294	195%
외주인건비	6,007,472	6,161,696	-3%
촬영진행비	3,401,682	2,173,009	57%
건물관리비	735,381	46,931	1467%
지급임차료	559,055	668,105	-16%
기타	1,300,617	280,828	363%
합 계	155,593,451	83,552,708	86%

3) 효율성

단위: 억원	우아한 형제들		무신사	
	2020년	2019년	2020년	2019년
효율성 관점				
총자산이익율	-7%	-14%	8%	10%
자기자본이익율	-87%	-71%	22%	34%
재고자산회전율	12082%	18239%	319%	258%
(재고자산 판매일수)	3.0	2.0	114.5	141.2
매출채권회전율	9817%	9583%	1024%	747%
(매출채권 회수일수)	3.7	3.8	35.6	48.8

적자를 보는 기업의 경우 수익성도 효율성도 의미가 있는 지표를 얻기가 쉽지 않다. 그 점을 감안하며 해석해 보자.

'우아한형제들'은 손실이 줄어들고 있는 점이 총자산이익률과 자기자본이익률에서도 그대로 나타난다. 배달 앱이 갖는 사업적 특성은 재고자산이 없다는 점과 대금이 즉시 회수되는 현금 장사라는 점이다. 때문에 효율성지표 중 재고자산회전율이 12,082%라는 믿기지 않는 숫자가 나오고 매출채권회전율이 9,817%가 나오는 것이다. 이를 다르게 해석하면 평균적으로 재고가 3일이면 바닥이 나고 대금은 3.7일 내에 받는다는 결과이다.

'무신사'는 패션 플랫폼이라는 다른 성격의 비즈니스를 하기에 '우아한형제들'에 비해서 효율성이 낮은 것처럼 보이지만 절대 그렇지 않다. 워렌 버핏의 투자판단 기준으로 알려진 자기자본이익률 15% 이상에 해당할 만큼 무신사의 자산이나 자기자본 활용은 우수한 수준이다. 자산이나 자본의 활용도만 우수한 것이 아니라 재고자산과 매출채권에 대한 활용도도 괜찮은 편이다. 재고자산을 판매하는 평균 기간이 114일이고 매출채권을 회수하는데 드는 평균 기간이 35.6일인 것은 패션 업종에서 괜찮은 수준이다.

'우아한형제들'과 '무신사', 두 개의 유니콘 기업들의 재무제표를 비교 분석하면서 단지 각 기업의 특징을 더 자세히 알게 된 것을 넘어서 스타트업이 추구하는 가치가 어디에 있고 목적을 가진 그들의 선택의 결과가 그대로 재무제표에 숫자로 흔적처럼 남아 있음도 느낄 수 있는 시간이었기를 바란다.

현대자동차 vs 폭스바겐

모빌리티계의 한국과 독일의 자존심 대결

영화 〈배트맨 비긴즈〉에서 주인공인 부르스 웨인이 타고 다니던 사진 속의 근사한 자동차가 무엇이었을까? 스포츠카 마니아들의 꿈이자 남자들의 로망인 람보르기니였다. 이 꿈 같은 브랜드를 소유한 세계적인 자동차 그룹에 관한 이야기를 해 보고자 한다. 바로 독일의 '폭스바겐' 그룹이다. 아래의 그림에서 보듯이 람보르기니를 비롯해 포르쉐, 부가티, 벤틀리, 아우디, 스코다, 세아트 등 한번쯤은 들어 봤거나 꿈꿔 본 유명 브랜드들이 '폭스바겐' 그룹이 소유한 브랜드들이다.

'비틀'이나 '골프'로 상징되는 '폭스바겐'의 이미지는 독일을 대표하는 국민 차로 알려져 있지만 그들의 역사를 살펴보면 전쟁과 밀접하게 관련되어 있다. 바로

히틀러와 포르쉐 박사가 그 주인공이다. 1933년 히틀러는 당시 레이싱 카의 개발자로 유명세를 떨치던 포르쉐 박사에게 '국민 자동차'의 설계를 맡겼다. 히틀러는 앞으로의 세상에서는 철도보다 자동차가 더 유망할 것이라 예상하고 독일 국민들이 각 가정마다 한 대씩 자동차를 보유할 수 있도록 하려 했다. 이런 배경 하에 '폭스바겐'은 정부의 강력한 지원으로 탄생한 국민 기업이었다. 포르쉐 박사가 디자인한 차가 얼마 전 단종을 결정한 최장기 베스트셀러 카였던 '비틀'의 모태였던 차였다.

'현대자동차'와 '폭스바겐'의 비교는 최근 급부상 중인 자동차 산업의 신흥 강자이자 세계 수소 차 부문의 선두 기업인 한국의 '현대자동차'와 매출 규모에서 전 세계 기라성 같은 자동차 기업들 가운데 글로벌 1위를 지키고 있는 독일의 '폭스바겐'을 재무제표 상에서 직접적으로 비교하는 의미 있는 시간이 될 것이다. 숫자로 보는 '현대자동차'의 지금의 수준이 세계 톱클래스권의 기업과 어떤 면에서 차이를 보이는지 알아보는 것 자체가 흥미 있는 시간이 될 것이라 생각한다.

참고로 2020년 기준으로 본 주요 자동차 기업들의 매출은 미국의 '포드' 그룹이 152조, 미국의 GM이 146조, 독일의 '다임러' 그룹$^{Daimler\ Group*}$이 210조, 일본의 '도요타' 그룹이 299조 등이다. 그리고 지금부터 비교하려는 '현대자동차'의 매출이 104조로 글로벌 기업치고는 작은 편에 속하고, '폭스바겐'은 매출이 307조로 세계에서 가장 큰 자동차 기업에 자리하고 있다.

이제 본격적으로 두 기업의 재무제표를 살펴보도록 하겠다. 마찬가지로 '현대자동차'의 재무제표 원본은 DART에서 조회하면 되고 이전 비교에서 예고했듯이

＊ 메르체데스 벤츠의 소유 기업

분석용으로 가공한 단순한 형태의 재무상태표와 손익계산서를 통해서 이해를 돕도록 하겠다. 아래의 표를 참조해서 〈숲을 보기〉와 〈나무를 보기〉의 순서대로 따라가 보자.

분석용 재무상태표	현대자동차		폭스바겐	
단위: 억원	2020년	2019년	2020년	2019년
유동자산	836,864	760,829	2,688,278	2,585,115
현금성자산	170,818	159,746	467,605	357,478
매출채권	32,840	35,131	223,991	247,406
재고자산	113,337	116,638	604,319	644,572
총자산	2,093,442	1,945,122	6,855,202	6,730,499
유동부채	594,595	533,141	2,281,004	2,315,672
총부채	1,330,032	1,181,465	5,079,284	5,025,366
자본	763,410	763,658	1,775,918	1,705,134
총부채와 자본 합계	2,093,442	1,945,122	6,855,202	6,730,499

분석용 손익계산서	현대자동차		폭스바겐	
단위: 억원	2020년	2019년	2020년	2019년
매출	1,039,976	1,057,464	3,073,570	3,483,795
매출원가	855,159	880,914	2,536,491	2,806,127
매출총이익	184,817	176,550	537,079	677,668
판관비	160,870	140,495	403,661	443,790
영업이익	23,947	36,055	133,418	233,878
당기순이익	19,246	31,856	121,683	193,460

◔ 1단계 : 숲을 보기

'현대자동차'의 재무제표 부속 서류인 주석의 앞 부분을 보면 사업의 개요가 표기되어 있다. 그 기록에 따르면 현대자동차의 사업 부문은 3가지로 이루어져 있음을 알 수 있다. 차량 부문, 금융 부문, 기타 부문이 그것인데 각 부문에 속한 계열사 정보도 알 수 있게 정리하고 있다. 현대자동차는 차량을 제조하고 판매하는 사업만 하는 것이 아니라 금융 부문 사업도 겸하여 하고 있다. 현대카드와 현대캐피탈 등이 그것이다. 이 개요 다음 파트도 읽어 두면 유용한 정보를 얻게 된다. 다만, 분량이 많아 언급은 생략하겠다. 이처럼 기업의 개요나 사업의 개요를 통해 유용한 정보를 많이 접할 수 있기에 재무제표를 분석하기 전에 꼭 읽어 보는 것을 습관화할 필요가 있다.

II. 사업의 내용

1. 사업의 개요

당사와 연결종속회사(이하 연결실체)는 자동차와 자동차부품의 제조 및 판매, 차량정비 등의 사업을 운영하는 차량부문과 차량할부금융 및 결제대행업무 등의 사업을 운영하는 금융부문 및 철도차량 제작 등의 사업을 운영하는 기타부문으로 구성되어 있습니다. 각 부문별 매출비중은 최근 사업년도(2020년) 기준으로 차량부문이 약 77%,금융부문이 약 16%, 기타부문 약 7%가 되며, 각 부문별 주요사 현황은 아래와 같습니다.

부문	주요사	주요제품
차량부문	현대자동차, HMA, HME,HMCA, HMMA, HMMC 등	자동차 등
금융부문	현대카드, 현대캐피탈, HCA	할부금융, 리스, 신용카드
기타부문	현대로템 등	철도제작 등

개요를 읽었다면 다음으로 이제 단순화한 재무상태표와 손익계산서를 보겠다. 단순한 이 표를 통해 우리는 꽤 의미 있는 정보를 얻을 수 있다.

단위: 억원	현대자동차		폭스바겐	
	2020년	2019년	2020년	2019년
총자산	2,093,442	1,945,122	6,855,202	6,730,499
총부채	1,330,032	1,181,465	5,079,284	5,025,366
자본	763,410	763,658	1,775,918	1,705,147
매출	1,039,976	1,057,464	3,073,570	3,483,795
영업이익	23,947	36,055	133,418	233,878
당기순이익	19,246	31,856	121,683	193,460
매출성장율	-2%		-12%	

먼저, '폭스바겐'이 '현대자동차'에 비해 규모 면에서 얼마나 큰지부터 살펴보자. '폭스바겐'은 '현대자동차'에 비해서 총자산 3.3배, 부채 3.8배, 자본 2.3배 큰 것으로 나타난다. 덩치로 보면 3.3배 큰데 내 돈에 해당하는 자본은 2.3배가 큰 것으로 보아 '폭스바겐'의 내 돈의 비율이 '현대자동차'보다 상대적으로 더 작다는 것을 알 수 있다. 전체적인 덩치에 비해 내 돈의 크기가 상대적으로 '현대자동차'에 비해 작게 나타나는 것은 그만큼 '현대자동차'의 자본의 크기가 상대적으로 크다는 것을 의미한다. 왠지 '현대자동차'의 안정성이 더 우수할 것 같은 느낌이 드는 대목이다.

'폭스바겐'의 매출은 '현대자동차'에 비해서 3배 크고, 영업이익은 5.6배, 당기순이익은 6.3배 큰 것으로 보아 '폭스바겐'의 수익성이 현대자동차에 비해서 좋을 것 같은 느낌이다.

요약해 보면 '현대자동차'는 글로벌 넘버원 기업인 '폭스바겐'의 약 1/3 수준의 자산 크기와 매출을 가지고 있는 것으로 나타났다. '현대자동차'는 한국 내에서는 44조 이상의 기업 가치(시가 총액)로 KOSPI 9위에 올라 있는 초대형 기업이지만,

전 세계 1위 기업인 '폭스바겐'은 그보다 3배나 큰 규모를 가지고 있다. 그렇다면 '폭스바겐'이라는 기업의 크기는 대체 얼마나 크다는 것일까?

우리나라 1위 기업인 '삼성전자'와 비교해 보면 어떤 결과가 나올까? '폭스바겐'의 총자산은 '삼성전자'의 1.8배이고 매출은 1.3배이다. 심지어 '애플'과 비교해도 총자산이 1.7배, 매출은 '애플'보다 조금 더 작지만 유사한 규모를 보이는 모습을 보면 정말 크다는 생각이 든다. 더불어 독일이 전 세계 차량 시장에서 1위와 3위(다임러 그룹)를 석권하고 있을 만큼 자동차에 있어서 절대적인 강국임을 다시 한 번 더 느끼게 된다. 주변에서 '독일 차, 독일 차' 하며 칭송하는 이유가 다 있는 것이다.

그 와중에도 한 줄의 정보가 우리의 눈을 사로잡는다. 바로 2020년 매출 성장률 수치이다. '현대자동차'가 -2% 인 반면, '폭스바겐'이 -12%로 상대적으로 '현대자동차'가 2020년 매출에서 상당히 건실한 모습을 보였음을 알 수 있다.

🥧 2단계 : 나무를 보기

나무는 안정성, 수익성/성장성, 효율성이라는 3가지 관점으로 본다는 점을 이제는 확실히 기억할 것이라 기대한다.

1) 안정성

단위: 억원	현대자동차		폭스바겐	
	2020년	2019년	2020년	2019년
안정성 관점				
유동비율	141%	143%	118%	112%
부채비율	174%	155%	286%	295%
당좌비율	122%	121%	91%	84%
현금규모	12.7	13.6	13.9	9.7

'현대자동차'가 유동비율과 당좌비율에서는 '폭스바겐'보다 더 크고 부채비율은 더 작다. 한 마디로 '현대자동차'가 빚을 덜 지고 있으면서 유동성에서 더 훌륭하다. '현대자동차'는 지금 같은 글로벌 위기 상황 가운데에서 더 높은 안정성을 보유하고 있다고 말할 수 있다.

'폭스바겐'의 자료를 보면 코로나로 매출이 12%나 급감했던 2020년도에 매출 감소분만큼 현금 수입이 줄었을 텐데 오히려 유동성을 보강하는 모습을 볼 수 있다. 현금 보유액도 늘리고 당좌비율과 유동비율을 증가시키고 부채비율은 소폭 감소시키는 등, 안정성 면에서 보완 조치를 취했던 것을 알 수 있다. 이런 현상은 자주 보이는 것이다. 위기 앞에서는 안정성에 더 집중할 수밖에 없고 경제 호황의 상황에서는 성장에 더 집중하는 모습과 맥을 같이 한다. 성장은 언제나 안정성을 침해한다. 성장하기 위해서는 안정을 일정 부분 담보로 잡아야 한다. 이런 이유로 경영자는 성장과 안정 사이에서 본인의 가치에 따라 균형을 맞추는 일을 한다. '폭스바겐'이 2020년에 매출이 급감하는 사태 가운데 안정성에 더 집중한 것도 생존을 위해 균형을 잡는 노력으로 이해할 수 있다.

반면, '현대자동차'의 안정성은 전년에 비해 약간 후퇴한 것을 알 수 있다. 이것은 무엇을 의미할까? 이 자료만으로 우리가 정확한 진단을 내리기는 어렵다. 하지만, 이런 추론은 합리적으로 가능하다. '현대자동차'는 매출 성장률 면에서 조금 더 공격적으로 방어를 했다. 그러기 위한 투자를 더 했다고도 보인다. 때문에 그들의 -2%는 더 나은 시장 상황에서 얻은 자연스런 결과라기보다는 지키려는 결단과 투자가 동반된 각고의 노력으로 나타난 결과일 가능성이 크다. 그들은 매출을 지키기 위해 안정성을 일부 양보했고, 그것은 이전의 상태가 충분히 안정적이었기에 가능한 선택이었을 것이다. '현대자동차'는 세계 시장에서 메이저한 자동차 기업으로 성장하기 위해 대규모의 투자를 단행하고 있는 중이다. 때문에 매출에 더 집중하는 전략적 선택과 실행이 저 단순한 숫자 몇 개에서 겹쳐 보이는 것이다.

다시 말하면, 세계 1위 기업은 2020년에 수성과 안정성을 보강하는 선택을 했고, 후발 주자이자 도전자인 신흥 기업은 성장을 멈추지 않기 위해 그동안 착실히 준비해 온 안정성을 양보하며 매출 하락을 막는 공격적 선택을 했다. 그 결과 '폭스바겐'은 -12% 매출, '현대자동차'는 -2% 매출을 받아들었다.

'현대자동차' 관련 뉴스들을 찾아보면 많은 수의 기사에서 그들의 최근의 행보가 대단히 공격적임을 알 수 있다. 재무상태표에서 보이는 저런 특징들이 어떻게 하다 보니 우연히 나타난 것일까? 생각보다 숫자는 우리에게 많은 이야기를 무언으로 들려 준다.

- 현대차, 내년부터 印尼서 전기 차 생산… "EV 생태계 구축"

- 현대차, 동남아 전기 차 시장 판 뒤집는다

- 현대차 "반도체 수급난에도 4분기 판매 15~20% 증가할 것"

- GM 이익 '반 토막'나는 동안…현대차·테슬라는 질주했다

- 현대차·기아, 美전고체 배터리 스타트업 '팩토리얼' 전략적 투자

- 현대차·기아, 전자통신연구원과 자율주행·로보틱스 활성화

- 현대오토에버, 연구개발비 5배 늘렸다… "미래차 SW 투자 확대"

2) 수익성/성장성

단위: 억원	현대자동차		폭스바겐	
	2020년	2019년	2020년	2019년
수익/성장성 관점				
매출성장율	-2%		-12%	
원가율	82%	83%	83%	81%
매출총이익율	18%	17%	17%	19%
영업이익율	2%	3%	4%	7%
관리비율	15%	13%	13%	13%
당기순이익율	2%	3%	4%	6%

수익성과 성장성 관점의 지표들을 살펴보자.

매출 성장률에 대해서는 이미 언급했으니 생략하기로 하고, 우선 두 기업의 원가율을 보면 '현대자동차'가 82%이고 '폭스바겐'이 83%이다. 이 자료만으로도

우리는 자동차 회사의 원가율이 높다는 사실을 알 수 있다. 이 두 기업만 그런가 싶어 도요타의 원가율도 살펴보니 82%로 '현대자동차'와 동일한 수준이었다. 자동차 기업의 평균 원가율이 크게 다르지 않을 것 같다는 생각을 하게 된다. 큰 차이는 아니지만 '현대자동차'가 '폭스바겐'에 비해 원가율이 1% 낮아서 매출 총이익이 1% 더 높게 나온다. 하지만, 판관비에서 '현대자동차'가 '폭스바겐'보다 2% 더 높아서 결과적으로 영업이익률에서 '폭스바겐'이 더 양호한 결과를 얻었다.

이 비교표를 토대로 우리는 '현대자동차'의 판관비 비율이 높다는 것을 알게 된다. 왜 '현대자동차'는 더 높은 판관비를 사용할까? 이럴 때 참고하는 것이 주석이다. 주석 25번 항목을 보면 판관비 상세표가 아래와 같이 나온다.

(단위 : 백만원)

구분		당기	전기
판매비:			
수출비		26,102	29,363
해외시장개척비		470,887	492,296
광고선전비 및 판매활동촉진비		316,545	336,843
판매수수료		1,150,522	931,581
판매보증비용		2,830,335	1,374,277
운반보관비		5,306	5,789
	소계	4,799,697	3,170,149
관리비:			
급여		1,436,264	1,529,444
퇴직급여		131,696	130,485
복리후생비		210,274	189,536
지급수수료		469,921	470,663
연구비		1,303,651	1,255,926
기타		533,499	504,930
	소계	4,085,305	4,080,984
	계	8,885,002	7,251,133

'현대자동차'가 사용한 2020년 판관비는 총 8조8,850억으로서 전년의 7조2511억에 비해 23%나 증가했다. 관리비 내의 급여는 오히려 줄어든 반면 연구비를 소폭 증가시켜 관리비 총액은 전년과 동일한 수준으로 동결됐지만, 같은 기간에 판매비를 51%나 대폭 증가시켰다. 이것이 무슨 의미이겠는가? '현대자동차'가 2020년 한 해 동안 글로벌 시장 개척을 위해 엄청난 투자를 단행해 왔음을 의미한다. '제네시스'를 비롯한 신차 출시에 맞추어 대대적인 마케팅 활동과 판매망 확대를 해가고 있음이 짐작되는 부분이라고 말할 수 있다.

　반면, 같은 기간에 '폭스바겐'은 판관비를 44조3천억에서 40조3천억으로 약 4조를 절감하는 노력을 기울였다. '폭스바겐'만 그런 것이 아니라 '도요타'는 더 단호한 비용 절감을 단행했다. 판관비를 2019년 32조6천억의 약 11%에 해당하는 3조6천억을 절감하는 고강도의 비용 삭감을 2020년 한 해 동안 실행했다. 이렇게 경쟁사들이 고강도의 비용 절감을 하는 동안에 '현대자동차'는 오히려 판매비를 1.5배로 증액하는 공격적인 투자를 단행했다. 그 이면에는 코로나로 인한 위기 상황에서 모두 위축되고 더욱 보수적인 입장을 취하는 사이 오히려 이번 기회에 글로벌 시장에서의 경쟁자들을 따라 잡으려는 '현대자동차'의 공격적이고 대담한 전략이 있었음을 충분히 알 수 있다.

3) 효율성

단위: 억원	현대자동차		폭스바겐	
	2020년	2019년	2020년	2019년
효율성 관점				
총자산이익율	1%	2%	2%	3%
자기자본이익율	3%	4%	7%	11%
재고자산회전율	918%	907%	509%	540%
(재고자산 소진일수)	40	40	72	68
매출채권회전율	3167%	3010%	1372%	1408%
(매출채권 회수일수)	12	12	27	26

마지막으로 효율성 관점에서 두 기업을 비교해 보겠다.

수익성을 이미 살펴보았기에 손익계산서 상의 이익률에서 '폭스바겐'이 훨씬 더 양호함을 우리는 이미 안다. 하지만, 매출 대비 이익률이 높다고 해서 효율성 까지 높다는 법은 없다. 우리가 보려는 효율성은 총자산 대비 이익률과 자기자본 대비 이익률이다. 즉, 자산 총액으로 얼마의 이익을 얻느냐, 자기자본으로 얼마의 이익을 얻느냐에 관한 문제이다. 자산의 효율적 사용과 자본의 효율적 사용에서 도 '폭스바겐'이 두 배 이상의 효율을 나타내고 있음을 알 수 있다.

'현대자동차'의 자기자본이익률이 3%, '폭스바겐'의 자기자본이익률이 7%이 므로 자본의 효율적 활용 면에서 '현대자동차'는 '폭스바겐'에 비해 절반에도 미 치지 못한다. 그렇다면 '도요타'의 자기자본이익률은 몇 %일까? 9%이다. '폭스바 겐'보다 2% 높게 나타나고 있고 '현대자동차'와 비교하면 3배의 효율성을 나타내 고 있다.

재고자산을 평균적으로 며칠 만에 소진하는지를 보는 재고자산 소진 일수에서는 '현대자동차'가 40일로서 '폭스바겐'의 72일을 멀찍이 앞서고 매출채권 평균 회수 일수에서도 12일로 27일의 '폭스바겐'을 두 배 이상 앞서는 것으로 나타난다. '현대자동차'의 재고자산 소진 일수는 '도요타'의 39일과 거의 차이가 없는 수준이며 매출채권 회수 일수에서는 132일의 '도요타'를 열 배 이상 앞서는 탁월함을 보여 주고 있다.

결론적으로 '현대자동차'는 기업 안정성 면에서 폭스바겐보다 우수한 안전성을 보이고 있다. 그동안 축적하며 만들어온 좋은 유동성을 바탕으로 지금은 매출 성장을 위한 비용 투자에 더 공격적으로 임하고 있다. 그런 이유로 양사가 원가율이 유사함에도 불구하고 판관비에서 공격적으로 투자하는 '현대자동차'가 '폭스바겐'보다 수익성에서 밀리는 모습이다. 하지만, 그런 양상은 '현대자동차'의 성장을 위한 투자 규모의 증가라는 전략적 선택에 의한 결과이기에 시간이 가면서 그로 인한 결과가 어떻게 나타날지는 알 수는 없다. '현대자동차'가 보여주는 가장 희망적인 지표는 효율성 지표인데 특히, 재고자산 소진 일수와 매출채권 회수 일수에서 선두권에 있는 '폭스바겐'보다 우수한 효율을 보여주는 점은 대단히 고무적인 모습이다.

위의 결론에 덧붙여서 우리는 2021년 6월까지의 재무적 결과인 반기보고서를 통해 그 후 '현대자동차'의 최근까지 달라진 성적을 확인해 본다면 더 신빙성 있는 결과를 얻을 수 있을 것이다.

	제54기 반기		제53기 반기	
	3개월	누적	3개월	누적
매출액	30,326,066	57,716,937	21,858,991	47,178,439
매출원가	24,594,797	46,949,098	18,147,164	39,201,302
매출 총이익	5,731,269	10,767,839	3,711,827	7,977,137
판매비와관리비	3,845,268	7,225,223	3,121,506	6,523,040
영업이익	1,886,001	3,542,616	590,321	1,454,097
연결반기순이익	1,982,602	3,504,827	377,270	929,952

(2021년 8월 17일에 공시한 현대자동차의 반기 보고서에서 발췌)

위의 표는 '현대자동차'의 2021년 6월까지의 연결 손익계산서이다.

매출이 57.7조로서 전년 같은 기간의 결과인 47.1조 대비 약 23% 성장했고 원가율은 81%로서 2019년 83%, 2020년 82%였던 점으로 보아 매년 1%씩 줄여 오고 있다. 때문에 매출 총이익이 매년 1%씩 높아지고 있는 것이다. 판관비는 어떨까? 7.2조로서 매출 대비 13%를 기록했다. 전년 같은 기간의 판관비 액수인 6.5조보다 7천억 원이 늘어난 것으로 보아 전년 대비 11%나 비용을 더 썼음에도 대폭 늘어난 매출의 영향으로 인하여 판관 비율은 재작년인 2019년의 수준인 13%로 회귀했다.

영업이익률은 6%, 당기순이익률도 6%로서 전년 동기의 영업이익률 3%의 두 배로 성장했고 당기순이익률에서는 전년 동기가 2%였기에 3배로 대대적으로 성장한 모습을 보이고 있다.

현대차 판매량 사상 첫 '세계 3위'

○○신문 2021.11.02

현대자동차 그룹이 전 세계 판매량 순위에서 사상 처음으로 글로벌 3위에 올랐다. 지난해 10월 정의선 현대차 그룹 회장이 취임한 지 1년 만에 거둔 성과다.

2일 글로벌 자동차 통계 기관 마크라인즈와 정부에 따르면 올해 1~9월 현대차와 기아의 글로벌 누적 판매량은 503만 2045대로 잠정 집계됐다. 이는 도요타 그룹(737만 5,705대)과 폭스바겐 그룹(629만 9,765대)에 이은 전 세계 3위 기록이다. 현대차 그룹이 글로벌 판매량 통계에서 3위에 오른 것은 이번이 처음이다.

2020년 재무제표를 통해서 발견하고 찾았던 우리 나름의 결론이 다음 연도의 중간 실적에서는 여전히 더욱 강화되고 있는 것을 볼 수 있다. 물론 판매 대수가 매출액과 같은 의미가 아니기에 매출로 따진다면 다른 결과가 나타나겠지만 최근까지 평균가를 높여온 '현대자동차'의 흐름을 고려해 보면 매출액 면에서도 좋은 성적이 기대된다.

기왕 찾아본 김에 '폭스바겐'의 중간 성적표도 한번 확인해 보도록 하자.

		Q2		
		2021	2020	%
Volume Data[1] in thousands				
Deliveries to customers (units)		2,546	1,887	+34.9
Vehicle sales (units)		2,326	1,799	+29.3
Production (units)		2,194	1,665	+31.7
Employees (on June 30, 2021/Dec. 31, 2020)				
Financial Data (IFRSs), € million				
Sales revenue		67,293	41,076	+63.8
Operating result before special items		6,546	−2,394	x
Operating return on sales before special items (%)		9.7	−5.8	
Special items		−	−	x
Operating result		6,546	−2,394	x
Operating return on sales (%)		9.7	−5.8	
Earnings before tax		6,690	−2,034	x
Return on sales before tax (%)		9.9	−5.0	
Earnings after tax		5,040	−1,536	x

매출은 전년 같은 기간 대비 63.8% 성장한 67.3 Billion EURO로서 한화로 약 91조 정도이다.

'폭스바겐' 그룹은 2020년 6월까지의 기간 동안 적자를 기록했기에 전년과 당해 연도의 비교는 흑자 전환을 했다는 의미가 가장 크다고 할 수 있다. 올해 반기까지의 결과로 볼 때 그들의 영업이익률은 10%, 당기순이익률은 7%로서 여전히 '현대자동차'보다는 높지만 2020년 연간 실적과 비교하면 그 격차는 현저히 줄어들었음을 알 수 있다.

여러분은 이렇게 두 기업을 재무상태표와 손익계산서로 추적 관찰을 해 보니 어떤 생각이 드는가? 보도 자료로만 접하던 것과 달리 더 깊이 있는 정보가 얻어지고 그들의 대략적인 움직임까지 느껴지는 것을 확인할 수 있었을 것이다. 바로 이것이 재무제표를 보는 이유이다.

네이버 vs 카카오
대한민국 양대 빅 테크
기업 간의 선의의 경쟁

대한민국 인터넷의 역사, 네이버와 카카오

   對

　얼마 전 '카카오'가 2021년 3분기 실적을 공시한 날 일제히 대부분의 언론에서 '카카오'가 드디어 '네이버'를 매출에서도 추월했다는 기사를 내보냈다.

카카오, 자산-시가 총액 이어 매출도 네이버 제쳤다

○○일보 2021.11.05

'카카오'의 공시에 따르면 2021년 3분기 매출이 1조7,408억 원으로 전년 동기 대비 58% 증가하여 '네이버'의 3분기 매출(1조7,273억 원)보다 135억 원이 많았다는 것이다.

비록 분기 매출이지만 '카카오'가 '네이버' 매출을 넘어선 것은 처음이었기에 업계에서는 의미심장한 사건으로 받아들이고 있다.

물론 '네이버'의 자회사인 '라인'의 실적이 '소프트뱅크' 산하 'Z홀딩스'(야후재팬)와의 경영 통합으로 2020년 3분기부터 모기업인 '네이버'의 재무제표에 반영되지 않고 있다는 점을 감안하면 '카카오'가 '네이버'의 매출을 넘어섰다고 보기는 어렵다.

그럼에도 국내 정보 기술(IT) 산업의 두 기업 간의 위상에 커다란 변화가 생기고 있음을 상징적으로 보여 주는 결과라고 할 수 있다.

네이버, 카카오 올해 3분기(7~9월) 실적 비교
(단위: 원)

네이버		카카오
1조7273억	매출	1조7408억
3227억	당기순이익	8663억

자료: 각 사

'네이버'와 '카카오'는 다른 설명이 필요 없는 대한민국 대표 IT 기업이다. 이 두 기업을 이끄는 이해진과 김범수는 SDS 입사 동기로 알려져 있다. 그 후 둘 모두 삼성을 떠나 이해진은 '네이버컴'이라는 검색엔진 사업을 하는 벤처 기업을 시작했고 김범수는 '한게임'이라는 게임사를 시작했다. 그리고 2000년에 두 벤처 기업은 합병을 하게 된다. 지금의 '네이버' 총수와 '카카오' 총수는 친구이자 사업적 파트너인 공동 대표로 활약한 사이였다. 합병 이전에 '네이버컴'의 매출이 100억이 안 되는 수준이었으나 이 둘이 함께 사업을 키웠던 시기에 '네이버'는 기하급수적인 성장을 만들어 간다. 그리고 둘이 서로 다른 길로 가기로 결정하고 김범수 의장이 '카카오'를 시작하면서 둘은 선의의 경쟁을 펼쳐 왔다. 이들이 사업을 시작한 1999년 이후 현재까지 이 둘은 대한민국의 인터넷의 역사를 만들어온 장본인이라는 점에 있어서 이견이 없다.

이런 두 기업의 재무적인 실적을 비교하며 검토하는 것 자체가 대단히 흥미로운 일이 아닐 수 없다. 이제 이 두 기업의 재무제표를 지금까지 해왔던 방식으로 비교해 보도록 하겠다.

먼저 회사의 개요에 있는 내용을 살펴보도록 하자. 많은 분들이 '네이버'와 '카카오'에 대해서 중요한 내용 정도는 다 알고 있다고 생각하지만 기업 스스로 밝히는 자신에 대한 내용은 언제나 살펴볼 필요가 있다.

'네이버'의 연결 대상 종속 기업의 수는 133개인 반면 '카카오'의 연결 대상 기업의 수는 115개로 나와 있다.

- 네이버 2020년 사업보고서

가. 연결 대상 종속회사 개황

2020년 12월 말 기준 네이버 주식회사(이하 '당사' 또는 '지배 회사')의 K-IFRS기준 연결 대상 종속회사는 133개 사(연결법인은 당사를 포함해서 총 134개 사)입니다. 전년 말 대비 15개 기업이 증가하고, 3개 기업이 감소했습니다.

- 카카오 2020년 사업보고서

바. 연결 대상 종속회사 개황

당사의 연결 대상 종속기업은 2020년 말 기준 115개 사입니다.

각 기업이 설명하는 자신의 사업 내용은 아래와 같다.

- 네이버 2020년 사업보고서

바. 주요 사업의 내용

네이버는 국내 1위 인터넷 검색 포털 네이버(NAVER) 서비스를 기반으로 광고, 쇼핑 (B2B2C), 디지털 간편 결제 사업을 영위하고 있으며, 국내 최대 IDC를 보유한 기업으로서 공공/금융 분야를 중심으로 클라우드를 비롯한 다양한 IT 인프라 및 솔루션 제공을 확대해 가고 있습니다. 또한 웹툰, 뮤직, V LIVE 등 다양한 콘텐츠 사업을 통해서도 글로벌 사업 기반을 확장하고 있는 ICT 기업입니다. 네이버는 전세계

2억 명이 사용하는 모바일 메신저 LINE을 개발하여 2016년 미국과 일본에 동시 상장한 바 있으며, 공시 서류 제출일 현재 LINE-Z홀딩스 경영 통합을 완료하였습니다. 네이버는 인공지능, 로보틱스, 모빌리티 등 미래 기술에 대한 지속적인 연구개발을 통해 기술플랫폼의 변화와 혁신을 추구하며, 세계 각국의 수많은 이용자와 다양한 파트너들이 함께 성장할 수 있도록 노력하고 있습니다.

[주요 사업]
네이버는 국내 1위 인터넷 검색 포털 네이버(NAVER)와 글로벌 모바일 메신저 라인(LINE) 등 다양한 인터넷 서비스를 기반으로 한 서치플랫폼과 커머스 사업을 통해 매출을 창출하고 있습니다. 아울러 웹툰, 뮤직, V LIVE 등의 콘텐츠 서비스, 새로운 성장이 기대되는 핀테크, 기업용 솔루션을 제공하는 클라우드 등 다각화된 사업 포트폴리오를 기반으로 안정적인 성장을 이어가고 있습니다.

네이버는 기존 주력 사업에서 탄탄한 성장세를 유지하는 한편, 신성장 동력인 커머스, 핀테크, 콘텐츠, 클라우드 사업 모두에서 고르고 가파른 성장을 이어가고 있습니다. 2020년 8월, 라인과 야후(Z홀딩스)의 경영 통합에 대한 독과점 심사 승인에 따라 3분기 라인 실적을 중단 영업손익으로 계상하였으며, 경영 통합 완료 시점인 2021년 1분기 중 라인 실적은 연결 실적에서 제외될 예정입니다.

① 서치플랫폼
서치플랫폼은 검색과 디스플레이로 구성되어 있습니다. 검색은 이용자의 정보 탐색 수요를 네이버를 통해 연결시켜 비즈니스 활동을 촉진시키는 사업으로, 지속적인 상품 개선과 카테고리 확대, AI 기술을 활용한 검색 고도화를 통해 지속적으로 성장하고 있습니다. 디스플레이는 광고주가 원하는 상업적 메시지를 사용자에게 노출시켜주는 상품을 제공하는 사업으로, 디스플레이 플랫폼 고도화와 성과형 광

고 상품 등 다양한 신규 상품 출시를 통해 광고 효과를 제고하는 등 다양한 노력을 펼치고 있습니다.

② 커머스

커머스는 쇼핑 검색, 쇼핑 수수료, 쇼핑 관련 디스플레이, 멤버십으로 구성되어 있습니다. 비대면 시장 속에서 빠르게 성장 중인 커머스는 다양한 판매자들과 함께 성장하며, 이용자에게 차별화된 쇼핑 경험을 제공하기 위해 노력 중입니다. 최근 플러스멤버십, 브랜드스토어, 쇼핑라이브, 장보기 서비스 출시와 4PL 업체 투자, CJ대한통운 제휴 등을 통해 이용자와 판매자의 다양한 니즈를 대응하며 커머스 생태계 강화를 위해 집중하고 있습니다.

③ 핀테크

핀테크는 크게 페이와 디지털 금융 서비스로 구성되어 있습니다. 결제 사업은 커머스 성장과 함께 빠르게 성장 중이며, 오프라인 포인트 QR 결제를 출시하며 포인트 생태계를 확장하고 이용자 편의를 확대하고 있으며, 빠른 정산 서비스, 스마트스토어 판매자 대출 출시를 통해 SME들을 위한 핀테크를 본격적으로 제공하기 시작하였습니다. 앞으로도 네이버가 가진 기술과 데이터를 활용하여 네이버 생태계 내의 SME, 씬파일러 등 금융 소외 계층을 위한 금융 서비스에 집중하며 관련 기회를 모색해 나가고자 합니다.

④ 콘텐츠

콘텐츠는 창작자와 사용자가 자유롭게 창작하고 소비하는 콘텐츠 생태계를 제공하는 사업으로, 당사는 웹툰, 웹소설, 뮤직, V LIVE, 스노우 등의 서비스를 운영하고 있습니다. 그중 네이버웹툰은 국내에서의 독보적인 지위를 바탕으로 글로벌 리더십을 강화해 나가고 있습니다. 이러한 콘텐츠 서비스들은 우수한 기술을 바탕으로 매년 글로벌 사용자 수가 크게 증가하고 있으며, 다양한 수익 모델 개발에도 힘쓰고 있습니다. 2021년에는 Wattpad 인수를 통해 한국에서 검증된 웹툰, 웹소설간의 시너지 효과를 확대하며 글로벌 1위 스토리텔링 플랫폼으로 진화하고, 원천 IP 확보를 통한 IP 사업 다각화에 집중할 계획입니다. 또한 글로벌 엔터테인먼트로의 도약을 위해 YG, SM에 이어 빅히트 엔터테인먼트의 자회사인 위버스컴퍼니(구 비엔엑스)와 함께 V LIVE와 위버스 간의 플랫폼 통합을 진행할 계획입니다.

⑤ 클라우드
클라우드에는 네이버클라우드플랫폼과 라인에게 제공하는 인프라, 네이버웍스, 클로바 CIC의 AI솔루션, 하드웨어 매출이 포함되어 있습니다. 앞으로는 B2B 서비스 융합 추진체인 네이버클라우드를 중심으로 웍스, 클로바 등 기존의 B2B 서비스뿐만 아니라 쇼핑, 웨일 등 네이버의 다양한 서비스들을 B2B로 제공하기 위해 노력할 예정입니다.

• 카카오 2020년 사업보고서

마. 주요 사업의 내용
당사는 국내 1위 메신저인 카카오톡을 포함한 다양한 모바일 서비스를 제공 중이며 광고, 게임, 뮤직, 커머스, IP 비즈니스 등의 다채로운 영역에서 수익을 창출하고 있습니다. 카카오는 일상의 영역들을 모바일 중심으로 연결하는 생활 플랫폼으로 모빌리티, 결제, 쇼핑을 비롯한 다양한 영역에서 새로운 편익을 제공하고 있습니다. 카카오의 사업들은 카카오톡을 중심으로 카카오 모바일 에코시스템 안에서 시너지를 발산하며 성장하고 있습니다.

또한 당사는 미래의 성장 동력이 될 신규 사업에 대한 투자를 지속하고 있습니다.

플랫폼 신사업으로 이동의 혁신을 가져오고 있는 모빌리티, 금융 습관의 패러다임을 바꾸고 있는 카카오페이에 투자하고 있으며, 콘텐츠 사업의 근본적인 경쟁력이 되는 IP 사업 확대를 위해서 유료 콘텐츠 사업인 카카오페이지와 픽코마(Kakao Japan Corp.), 오리지널 영상 콘텐츠의 사업에 대한 투자도 지속하고 있습니다. 뿐만 아니라 기술력의 집약체인 인공지능 AI, 미래 핵심 기술이자 다음 생태계의 기반이 될 블록체인 그리고 B2B 영역에서 기업들의 디지털 트랜스포메이션을 위한 고민을 해결하고 있는 카카오엔터프라이즈에도 적극적으로 투자하고 있습니다.

재무제표를 볼 때, 반드시 〈회사의 개요〉에 나오는 내용은 빠르게 읽더라도 보는 것을 다시 한번 더 권하고 싶다. 그리고 시간이 된다면 〈사업의 내용〉 부분도 읽어 본다면 그 기업이 속한 산업의 특성과 시장의 상황까지 대단히 유용한 정보를 얻을 수 있을 것이다.

이제 본론에 해당하는 재무제표를 살펴보는 시간이다. 분석을 더 용이하게 하도록 원문에 나오는 재무제표를 〈분석용 재무상태표〉와 〈분석용 손익계산서〉로 가공하여 다음과 같이 준비했다.

분석용 재무상태표	네이버		카카오	
단위: 억원	2020년	2019년	2020년	2019년
유동자산	105,447	56,437	44,629	28,297
현금성자산	18,916	40,304	35,884	21,260
매출채권	9,868	12,111	2,474	1,572
재고자산	43	551	458	494
총자산	170,142	122,995	119,540	87,373
유동부채	79,118	37,731	29,296	24,333
총부채	87,591	57,956	45,262	29,971
자본	82,551	65,039	74,277	57,401
총부채와 자본 합계	170,142	122,995	119,540	87,373

분석용 손익계산서	네이버		카카오	
단위: 억원	2020년	2019년	2020년	2019년
매출	53,041	43,562	41,568	30,701
매출원가				
매출총이익	53,041	43,562	41,568	30,701
판관비	40,888	32,012	37,010	28,633
영업이익	12,153	11,550	4,559	2,068
당기순이익	8,450	3,968	1,734	-3,419

◐ 1단계 : 숲을 보기

단위: 억원	네이버		카카오	
	2020년	2019년	2020년	2019년
총자산	170,142	122,995	119,540	87,373
총부채	87,591	57,956	45,262	29,971
자본	82,551	65,039	74,277	57,401
매출	53,041	43,562	41,568	30,701
영업이익	12,153	11,550	4,559	2,068
당기순이익	8,450	3,968	1,734	(3,419)

필자가 '네이버'와 '카카오'를 비교하는 글을 쓰며 지인들에게 물어 보았다.

질문 1) '네이버'와 '카카오' 중 누가 더 수익성이 높을까요?

질문 2) '네이버'와 '카카오' 중 누가 더 재무적으로 안정적일까요?

여러분도 이 질문 두 가지에 대해 마음속으로 대답해 보길 바란다.

각자의 평소 인식에 따라 상당히 의외의 결과를 접할 수도 있을 것 같다.

두 기업을 숲의 관점으로 빠르게 훑어 보자.

'네이버'는 1999년에 설립된 기업으로서 23년 이상의 업력을 가지고 있다. 즉, 현재의 크기까지 성장시키는 데 23년이 걸렸다는 말이 된다. 반면 '카카오'는 2006년에 모태에 해당하는 기업인 '아이위랩'이 설립되었으니 실질적으로 '네이버'보다 7년 이상 늦은 16년의 역사를 가지고 있다.

2020년 말 기준으로 '네이버'의 총자산(덩치)은 17조로서 '카카오'의 총자산 11.9조에 비해 1.4배만큼 크다. 연결 기준의 매출액 또한 '네이버'가 더 크다. '네이버'의 2020년 매출액이 5조3천억으로 '카카오'의 매출액 4조1천억에 비해서 1.3배가 크다.

두 기업 각자의 강점이 보이는데 '네이버'는 수익성 면에서 앞선다는 것이고 '카카오'는 자본의 비중에서 앞선다는 점이다.

'네이버'의 영업이익률이 2020년 23%이고 2019년 27%이다. '카카오'의 영업이익률의 2배가 넘는 탁월한 수치이다. '카카오'의 영업이익률은 2020년 11%, 2019년 7%이다. 총자산에서 자본이 차지하는 비중은 '카카오'가 62%로서 49%인 '네이버'보다 월등히 앞서 있다. 총자산에서 자본이 차지하는 비중이 높다는 것은 내 돈의 크기가 남의 돈의 크기보다 크다는 것이기에 더 안정적인 재무 구조로 이해할 수 있다.

이 짧은 몇 줄의 정보만으로도 우리는 '네이버'가 수익성에서 더 우위이고 '카카오'가 재무적인 안정성 면에서 더 앞설 것이라는 합리적 추론을 할 수 있다.

대한민국을 대표하는 IT기업인 '네이버'와 '카카오'는 자산 규모 17조와 11.9조, 매출 규모 5.3조와 4.2조를 가지고 있다는 점은 알아 둘 만하다. 더불어 이 두 기업은 매년 빠른 속도로 성장하고 있다.

◔ 2단계 : 나무를 보기

숲을 보고 나니 대충의 감은 느껴지지만 나무를 보는 작업을 통해 우리는 더 구체적이고 상세한 이해를 얻을 수 있다. 안정성, 수익성/성장성, 효율성 측면으로 두 기업을 비교해 보자.

1) 안정성

단위: 억원	네이버		카카오	
	2020년	2019년	2020년	2019년
안정성 관점				
유동비율	133%	150%	152%	116%
당좌비율	133%	148%	151%	114%
부채비율	106%	89%	61%	52%
현금규모	5.6	15.1	11.6	8.9

재무적인 안정성 면으로 볼 때 모든 면에서 카카오가 우위를 보이고 있다는 점이 어쩌면 여러분의 상식을 깨는 것일지도 모르겠다. '네이버'가 더 오랜 역사를 가지고 있고 재무적으로도 우량일 것 같은 느낌을 주는 부분이 있어서 '카카오'에 비해 안정적일 거라는 생각을 많이 한다. 하지만 실제 재무제표를 놓고 보면 '카카오'가 훨씬 더 안정적인 재무구조를 가지고 있다.

유동비율에서 '카카오'가 약 20% 정도 앞서면서 당좌비율에서도 그 차이는 유지된다. 당좌비율이 유동비율과 유사한 것은 이 둘의 사업 특성이 재고자산이 작은 사업이기 때문이다. 당좌비율의 산식이 (유동자산 - 재고자산)/유동부채인 점을 상기하면 쉽게 이해가 될 것 같다.

부채비율 또한 '카카오'의 압승이다. '네이버'의 106%도 매우 양호한 수준이지만 '카카오'의 61%는 상당히 낮은 수준이라 할 수 있다.

현금을 보더라도 '카카오'가 11.6개월치 운영 경비의 규모를 보유하고 있기에 5.6개월치를 보유하는 '네이버'에 비해 두 배 이상의 현금을 보유하고 있다고 이해해도 된다.

그런데 한 가지 흥미로운 사실이 발견된다. 직전 연도인 2019년의 안정성 지표를 보면 유동비율, 당좌비율, 현금 규모 면에서 '네이버'가 앞섰다는 것을 알 수 있다. 그런데 2020년 한 해 동안 무슨 일이 있었길래 상황이 역전이 됐을까?

이 점은 숲을 보기 파트로 다시 돌아가서 '카카오'의 2019년과 2020년의 자본의 변화를 보면 힌트를 얻을 수 있다. '카카오'의 자본은 1년 사이 1.7조 증가했다. 자본이 증가하는 이유는 일반적으로 두 가지인데 하나는 당기순이익으로 인해 자본이 늘어나는 경우이고 다른 하나는 투자를 받아 자본이 늘어나는 경우이다. '카카오'도 2020년에 대규모로 자본이 증가한 것은 순이익만큼 자본이 늘기도 했지만 나머지 부분은 투자를 받아 자본이 늘어났을 것으로 추정할 수 있다.

2) 수익성/성장성

단위: 억원	네이버		카카오	
	2020년	2019년	2020년	2019년
수익/성장성 관점				
매출성장율	22%		35%	
영업이익율	23%	27%	11%	7%
관리비율	77%	73%	89%	93%
당기순이익율	16%	9%	4%	-11%

수익성과 성장성 관점에서 두 기업을 비교해 본다.

일반적으로 발견되는 현상으로서 이익률과 매출 성장률은 서로 배치되는 경우가 빈번하다. 즉, 고성장을 이루어 가는 기업들의 경우 영업이익률이 주춤하거나 하락하는 경우가 많고 반대로 매출 성장이 완만해지는 상황에서는 기업들이 이익률에 더 집중하는 모습들이 보인다는 것이다.

그렇다면 '네이버'와 '카카오'는 어땠을까? 기간을 조금 더 늘려서 과거 5개년 치의 손익계산서를 통해 매출 성장률과 영업이익률 추이를 살펴보자. 이 수치는 마찬가지로 DART에서 기간 조건을 활용해 연도별 사업보고서를 통해 확인이 가능하다.

	2016년	2017년	2018년	2019년	2020년	평균율
N 매출성장율	19%	14%	16%	-28%	18%	8%
N 영업이익율	27%	25%	17%	27%	23%	24%
K 매출성장율	33%	26%	18%	21%	26%	25%
K 영업이익율	8%	8%	3%	7%	11%	7%

'네이버'의 5개년 평균 매출 성장률은 8%이고 평균 영업이익률은 24% 였다. 반면 '카카오'의 5개년 평균 매출 성장률은 25%이고 평균 영업이익률은 7%였다.

재미있게도 '네이버'는 영업이익률에서 '카카오'의 3배에 이르는 성과를 거두고 있고 '카카오'는 매출 성장률 면에서 '네이버'에 3배 앞서는 속도를 보여 주고 있다.

'카카오'는 후발 주자로서 3배 빠른 속도로 '네이버'를 추격하고 있으며 '네이버'는 선두로서 천천히 성장하면서 '카카오'를 3배 높은 이익으로 압도하고 있다. 이 추세로 가면 '카카오'가 매출 면에서 '네이버'를 따라잡을 것이라는 생각을 하던 중에 드디어 2021년3분기 연결 기준 매출액에서 '카카오'가 드디어 '네이버'를 추월했다는 소식을 들었다.

'네이버'가 영업이익률이나 당기순이익률에서 월등히 앞선 것은 위의 표만 보아도 금방 알 수 있다. 어찌 보면 당연하게 생각되기도 한다. '네이버'는 이미 사업의 근간을 이룬 선도 기업으로서 성장 속도와 이익률을 관리하면서 가는 기업인 반면 '카카오'는 성장에 더 집중하고 있는 후발 주자이기 때문에 이익률 관리보다 사업 확장에 더 몰입해 왔기 때문이다. 한 가지 고무적인 사실은 '카카오'가 2020년 당기순이익에서 흑자 전환에 성공했다는 점이다. 이제 규모의 확장과 더불어 이익률에서도 성과를 보여줄 것으로 기대가 된다.

두 기업이 각각 서로를 얼마만큼 견제하고 경쟁 관계 속에서 중요 의사 결정을 하고 있는지는 모르지만 이제 대등한 수준에서의 한단계 더 심화된 경쟁으로 나아갈 것은 분명하다.

3) 효율성

단위: 억원	네이버		카카오	
	2020년	2019년	2020년	2019년
효율성 관점				
총자산이익율	5%	3%	1%	-4%
자기자본이익율	10%	6%	2%	-6%
매출채권회전율	537%	360%	1680%	1953%
(매출채권 회수일수)	68	101	22	19

효율성 관점에서 보면, 이익률에서는 '네이버'의 완승이라고 할 수 있지만 매출 채권에 대한 관리 면에서는 '카카오'가 훨씬 더 효율적임을 보여 준다.

또 한 가지 '네이버'는 우리나라 IT기업의 대표 선수나 다름이 없는데 자기자본이익률이 10%로 기대보다는 낮음을 알 수 있다. 이 대목에서 우리는 우리나라 대표 IT기업과 세계 대표 IT기업 간의 격차는 과연 어느 정도일까? 궁금증이 생긴다. 그래서 '네이버'와 '구글'의 모기업인 '알파벳'을 비교해 보기로 한다.

단위: 억원	네이버		알파벳	
	2020년	2019년	2020년	2019년
총자산	170,142	122,995	3,761,880	3,247,449
총부채	87,591	57,956	1,142,537	876,477
자본	82,551	65,039	2,619,343	2,370,972
매출	53,041	43,562	2,148,343	1,905,057
영업이익	12,153	11,550	485,206	402,899
당기순이익	8,450	3,968	473,966	404,217

376조와 17조, 일단 총자산 규모 면에서 입이 벌어질 정도로 차이가 크다. '네이버'의 규모는 '알파벳'의 5%에 해당한다. 자본의 크기는 더 격차가 심하다. '네이버'의 자본의 크기는 '알파벳'의 3%에 불과하다. '알파벳'의 매출액은 '네이버'의 41배에 해당한다. 자산이나 자본 규모의 격차보다 매출이나 이익의 격차가 더 크다는 점은 '알파벳'이 크기만 큰 것이 아니라 대단히 수익성 있는 사업을 하고 있음을 보여 준다.

안정성 면에서 '알파벳'의 탁월한 지표를 보면 입이 벌어질 정도이다. 유동자산이 유동부채보다 3배 이상 많고 마찬가지로 재고가 없는 장사를 하는 기업이다. 부채비율은 44%로서 대단히 낮은 수준이다. 이 경우에 있어서 현금 규모는 그다지 의미 있는 숫자가 아니라는 생각이 든다. 사업을 통해 현금이 정기적으로 안정적으로 회수되기에 많은 현금을 보유하고 있을 필요가 없다. 그만큼 사업이 안정적이라는 반증이기도 하다. 이런 이유로 기업의 상황에 따라서 적정 현금 보유량은 다 다를 수밖에 없다. 안정성 면에서 세계 1위 기업의 수준은 가히 압도적이라는 표현이 어울린다고 보인다.

단위: 억원	네이버		알파벳	
	2020년	2019년	2020년	2019년
안정성 관점				
유동비율	133%	150%	307%	337%
당좌비율	133%	148%	305%	335%
부채비율	106%	89%	44%	37%
현금규모	5.6	15.1	2.2	1.7
수익/성장성 관점				
매출성장율	22%		13%	18%
영업이익율	23%	27%	23%	21%
관리비율	77%	73%	77%	79%
당기순이익율	16%	9%	22%	21%
효율성 관점				
총자산이익율	5%	3%	13%	12%
자기자본이익율	10%	6%	18%	17%
매출채권회전율	537%	360%	590%	639%
(매출채권 회수일수)	68	101	62	57

수익성과 성장성 면에서 두드러지는 지표는 매출 성장률이다. '알파벳'은 2019년에 직전 연도 대비 18% 성장했고 2020년에도 13% 성장했다. 저 정도의 규모인 기업이 2020년 한 해 동안 성장한 13%의 매출은 25조 원에 해당한다. '네이버'의 연간 매출액이 약 5조 원이니 '알파벳'은 매년 '네이버' 같은 기업 다섯 개를 만들어 내는 것과 다름이 없다.

수익성은 '네이버'와 닮아 있다. 영업이익률이 23%로 동일하다. 지난 3개년 자료를 보니 매년 1%씩 영업이익률을 올리고 있을 만큼 매출이 성장하면서 이익률도 같이 더 좋아지고 있다.

'알파벳'의 효율성도 교과서처럼 모범 답안을 보여준다. 자기자본이익률이 18%로서 상당히 매력적인 숫자를 나타내고 있고 매출채권 관리도 괜찮은 수준으로 보인다.

이전에 '네이버'와 '카카오'를 비교하며 양사의 상황을 살펴보았지만 세계 최고 수준인 '알파벳'을 보니 아직 가야 할 길이 멀다는 것이 느껴질 수밖에 없다.

그럼 다시 우리의 본 주제로 돌아와 2021년 반기까지의 결과에서 두 기업 사이의 상황은 어떻게 달라져 있을까? 불과 6개월이라는 짧은 기간이기에 무슨 큰 변화가 있을까 싶지만 직접 확인하지 않으면 모르는 법. 재무상태표까지 다 살펴보는 대신 손익계산서만을 확인해 보도록 한다.

분석용 손익계산서	네이버		카카오	
단위: 억원	2021년반기	2020년반기	2021년반기	2020년반기
매출	31,626	24,307	26,101	18,212
매출원가				
매출총이익	31,626	24,307	26,101	18,212
판관비	25,381	18,309	22,900	16,352
영업이익	6,245	5,998	3,201	1,860
당기순이익	158,550	2,255	5,558	2,251
매출성장률	30.1%		43.3%	
영업이익율	19.7%	24.7%	12.3%	10.2%
당기순이익율	501.3%	9.3%	21.3%	12.4%

2020년 매출 성장률 수치가 '네이버' 22%, '카카오' 35%였던 것을 기억하시는가? 2021년 반기 자료를 통해 확인된 두 기업의 매출 성장률이 전년 동기간 대비 모두 늘어난 결과를 보이고 있다. '네이버'의 매출 성장률은 30%, '카카오'는 43%로 '네이버'는 전년보다 8% 증가한 결과를 보이고 있고 '카카오'도 8% 증가한 실적을 거두었다. 두 기업이 비슷한 모양으로 경쟁을 하고 있는 듯한 느낌을

받는다. '네이버'는 성장 속도를 다시 올리기 시작했음이 보이고 '카카오'는 더 성장에 박차를 가하는 모습이 느껴진다.

한 가지 달라지고 있는 점은 '네이버'의 영업이익률이 전년 대비 4%가 하락했다는 점인데 이 부분은 재차 성장하면서 투입되는 성장을 위한 비용이 아닐까 하는 생각이 든다. 반면 '카카오'의 영업이익률은 계속 호전되고 있는 모습이다. 성장을 가속화하던 초기의 이익률 저하의 시기를 지나 이제는 규모가 커지면서 이익도 커지는 단계로 들어가고 있는 것 같다. 이렇게 보면 이제부터 두 기업 사이의 경쟁이 더욱 재미있어질 것 같다. '카카오'가 규모에서 '네이버'를 바짝 추격해서 추월하기 직전이고 이제는 수익성에서도 추격의 고삐를 바짝 조이고 있는 모습이기에 두 기업의 선의의 경쟁을 바라보는 입장에서 더욱 흥미를 느낄 수밖에 없다.

④ 젠틀몬스터 vs LF
미친 창의력 대 미친 생존력

🕐 패션계에 충격을 던져 준 창의력 집단
'젠틀몬스터 GENTLE MONSTER'

GENTLE MONSTER　　對　　LF

　필자는 2016년부터 5년간 영국에서 비즈니스를 했다. 2018년경 런던의 명물이자 전 세계 백화점 중 1위인 셀프릿지 백화점 1층에서 '젠틀몬스터'를 만났다. 그렇게 대단한 백화점의 1층의 한 편에 제법 큰 규모의 매장은 마치 갤러리를 연상시키는 공간이었기에, 이 브랜드는 무엇일까? 하는 호기심이 생겼다. 그 호기심 때문에 런던의 시내에 있는 매장도 가보고 서울에서도 매장을 방문해 보았다. 매장마다 모두 다르면서 특별한 느낌을 주는 브랜드, 매장을 단지 판매를 위한 공간을 넘어선 무언가로 변화시키는 능력, 특이하지만 한번 써 보고 싶게 만드는 디자인, 전 세계 유명 브랜드와 유명인들이 콜라보레이션을 하도록 만드는 매력, 이런 것들이 '젠틀몬스터'(이하 '젠몬')를 설명하는 수식어쯤 될 것 같다.

 '젠몬'을 더 잘 이해하기 위해서는 '젠몬'의 CEO인 김한국 대표가 한경과 가졌던 2021년 10월 31일 자 인터뷰 기사인 "파격적 공간 디자인이 소비자 마음 열어"의 전문을 꼭 읽어 보시기를 권해 드리고 싶다.

 필자도 해당 기사를 보면서 비로서 왜 '젠몬'이 런던 한복판 그 비싼 땅에서 그렇게 큰 공간을 예술적으로 꾸몄는지 또 중국에서 왜 그렇게 거대한 공간에 매장을 냈는지 이해가 갔다. 그들의 브랜드 전개의 정신과 방향이 잘 담겨 있다고 느껴진 기사였다. 여기에는 김한국 대표의 답변 중 '젠몬'을 이해하는 데 필요한 부분만 발췌해 보겠다.

  "젠틀몬스터의 법인명은 'II컴바인드'다. 상상력(imagination)과 해석(interpretation)의 결합을 의미한다. 몬스터는 내적 폭력성을 뜻한다. 무언가를 해 보기 위해서 나의 어떤 걸 희생해서 하는 신념이 '몬스터적'이라고 생각했다."

  "논란이 없는 상품이 패션의 중심이 될 수 없다."

  "패션 기업의 문제는 국내 시장이 너무 작다는 것이다. 연 매출 500억 원이 한계인데 이를 넘으려면 브랜드 정체성을 포기할 수밖에 없다."

"'젠틀몬스터'는 우리만의 브랜드 정체성을 가지고 해외에서 승부하는 데 몰두했다."

"'젠틀몬스터'만의 럭셔리(고급스러움)와 힙(새로움)의 결합이 주목받는 것 같다. 사실 패션 비즈니스의 원리는 간단하다. 좋은 물건이 있고, 살 사람이 많은 좋은 목에 자리 잡을 수 있어야 한다."

"'젠틀몬스터'의 원칙은 압도적인 공간 디자인으로 사람들의 인식을 사로잡겠다는 것이다. 스티브 잡스가 처음 대규모 애플 매장을 선보인 것이나 나이키가 조던 매장을 다른 어떤 브랜드보다 크게 내는 데에는 이유가 있다. 공간을 보고 사람들은 브랜드의 크기를 인식하기 때문이다."

"브랜드는 비싸 보이면서도 시대 정신이 담겨야 오래갈 수 있다. 아이웨어라는 작은 제품을 커다란 공간에 어떻게 진열할까 하는 점만 2년을 연구하고 토론했다. 진열에 따라 안경을 바라보는 소비자의 감정도 움직인다."

"공간은 감정이다. 마음이 변하고 그 변한 마음의 정도가 얼마인지를 옆 사람한테 말하고 싶을 정도로 감정을 움직이게 하는 것이 공간이다. 움직이는 로봇을 설치해 놓으면 그냥 흰 벽보다 마음을 더 움직일 수 있다."

'젠몬'의 매장을 방문해 보면 분명 매장임에도 마치 예술 작품을 전시 중인 갤러리 같은 느낌을 받는다. 그것은 공간에 대해 다른 관점에서 출발한 것이고 그 다른 관점은 결국 사람의 마음과 감정을 움직이는 것이 브랜드라는 관점에 바탕을 두고 있다. 이는 대단히 명석한 이해라고 할 수 있다. 때문에 필자는 '젠몬'을 미친 창의력 집단으로 부르는 데 주저함이 없다.

◔ 패션계 전통 강자의 생존을 위한 선택

한국 기업사에서 '삼성그룹'과 'LG그룹'의 역할과 비중이 막대했다는 것과 같은 의미에서 한국 패션 산업에서도 가장 영향력이 있었던 기업 명단에 '삼성패션'과 'LG패션'를 빼놓을 수는 없을 것이다. '엘에프(LF)'의 전신은 'LG패션'이다. 'LG패션'은 2006년 11월 1일 'LG상사'로부터 패션 사업 부문이 분할돼 독립 신설 법인으로 설립되었고, 2014년 3월 28일 회사명을 'LG패션'에서 'LF'로 변경했다. 패션 기업으로 시작했지만 점차 사업 다각화를 시도하여 이제는 종합 라이프 스타일 기업으로의 전환을 만들어 가고 있다.

아래의 표는 'LF'의 지난 4년간의 영업 부문별 매출과 이익 변화를 보여 주고 있다.

(단위: 백만 원)

영업부문	2020년		2019년		2018년		2017년	
	매출	법인세차감전 이익	매출	법인세차감전 이익	매출	법인세차감전 이익	매출	법인세차감전 이익
패션	1,291,831	55,400	1,577,661	96,927	1,568,598	114,541	1,511,932	99,878
금융	144,275	41,405	103,370	18,020				
기타	271,229	-16,745	285,425	6,624	234,472	15,287	147,931	1,946

최근 4년 사이에 패션 부문의 매출은 1조5,119억에서 1조2,918억으로 약 15% 줄어든 반면 패션 이외 부문은 1,479억에서 4,155억으로 280% 성장했다. 부문별 이익 추이를 보면 상황은 더욱 심각하게 느껴진다. 패션 부문의 2017년도 법인세 전 이익이 전체에서 98%를 차지하여 절대적 중요성을 확보하던 상황에서 2020년에는 69%로 큰 폭으로 낮아졌다. 지난 4년간 거의 절반 수준으로 낮아진 패션 부문의 이익액이 다른 부문을 통해서 채워지고 있는 모습을 볼 수 있다.

이런 변화의 배경에는 'LF'가 과거 주축 사업이었던 패션 기업으로서의 정체성을 뛰어넘어 보다 확장된 라이프 스타일 기업으로 변모하고자 하는 전략이 담겨 있다. 그동안 'LF'는 식음료 사업 강화를 위한 행보를 보여왔다.

'LF'의 100% 외식 자회사인 'LF푸드'가 글로벌 식자재 국내 유통 1위 업체 '모노링크'를 흡수 합병했다. 'LF푸드'의 '모노링크' 합병은 'LF푸드'가 외식(마키노차야·하코야), 베이커리(퍼플리크), 식자재 유통(모노링크), 식료품 판매(모노마트·모노키친), 식품 브랜드 사업(크라제) 등 식음료(F&B)의 부문 중 다양한 영역으로 도약하기 위한 경영 전략의 일환으로 해석할 수 있다.

'LF'는 패션 사업을 넘어 식음료·온라인 유통·화장품은 물론 '코람코' 자산신탁 인수로 부동산 금융까지 진출하면서 사업 영역을 다양한 라이프 스타일 부문으로 빠르게 확장하고 있다. 그런 방향에서 최근 5년간 인수·합병(M&A)을 진행한 것만 해도 10건에 이른다.

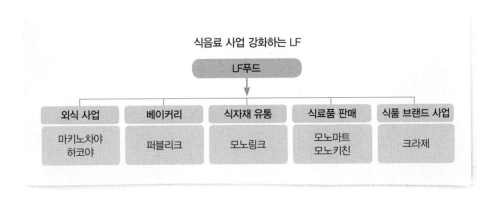

식음료 사업 강화하는 LF

LF푸드

외식 사업	베이커리	식자재 유통	식료품 판매	식품 브랜드 사업
마키노차야 하코야	퍼블리크	모노링크	모노마트 모노키친	크라제

이렇게 볼 때 'LF'의 변화는 대략 두 가지 방향으로 진행된다고 보인다. 하나는 사업 다각화를 통한 외연 확장 및 미래 먹거리 발굴이고 다른 하나는 여전히 주축 부문인 패션 부문의 재정비이다. 기존의 전통적인 강자들이 겪는 부진은 비단 'LF'만의 문제는 아니며 '삼성패션'도 동일하게 겪고 있는 현상이기도 하다. 아래의 표를 통해서 '삼성물산'의 패션 부문의 실적 추이도 같은 메시지를 던져 주고 있음을 알 수 있다.

삼성패션의 실적 추이				단위:억원
	2017년	2018년	2019년	2020년
매출	15,851	15,948	15,800	14,091
영업손익	356	253	293	-345
영업이익율	2.2%	1.6%	1.9%	-2.4%
총자산	12,358	11,134	12,113	10,521

이런 터널과 같은 상황 속에서 'LF의 선택은 방금 언급한 두 가지 방향의 변화이다. 어떤 매체에서는 이것을 일컬어 '구본걸 식式 구조 조정'이라고 부른다.

이번 코너를 통해서는 창의력으로 무장한 대담한 신진 기업과 변혁의 기로에 선 패션계의 강자의 재무제표를 비교한다. 서로 다른 길을 걷고 있는 그 둘의 재무제표는 어떻게 다를까?

같은 방식으로 분석을 위한 재무상태표와 손익계산서를 준비하고 숲을 보고 나무를 보는 과정으로 들어가 보도록 하자.

분석용 재무상태표	아이아이컴바인드		LF	
단위: 억원	2020년	2019년	2020년	2019년
유동자산	1,755	1,586	13,251	13,150
현금성자산	540	545	5,248	3,137
매출채권	99	182	1,027	1,243
재고자산	251	301	3,048	3,727
총자산	3,546	3,409	24,794	24,171
유동부채	554	450	7,208	7,100
총부채	892	962	10,650	10,256
자본	2,654	2,447	14,144	13,915
총부채와 자본 합계	3,546	3,409	24,794	24,171

분석용 손익계산서	아이아이컴바인드		LF	
단위: 억원	2020년	2019년	2020년	2019년
매출	2,096	3,007	16,105	18,517
매출원가	443	591	7,133	8,059
매출총이익	1,652	2,416	8,971	10,458
판관비	1,513	1,743	8,201	9,583
영업이익	139	673	771	875
당기순이익	214	449	286	694

🕐 1단계 : 숲을 보기

단위: 억원	아이아이컴바인드		LF	
	2020년	2019년	2020년	2019년
총자산	3,546	3,409	24,794	24,171
총부채	892	962	10,650	10,256
자본	2,654	2,447	14,144	13,915
매출	2,096	3,007	16,105	18,517
영업이익	139	673	771	875
당기순이익	214	449	286	694

우선 두 기업의 규모를 살펴보면 'LF'가 총자산 2조4,794억 원으로 3,546억 원의 '아이아이컴바인드'보다 7배 크다. 매출은 그보다 더 큰 차이가 있는 8배로 역시 'LF'가 크다.

외형적인 규모로 따지면 'LF'가 월등히 크다는 것을 금방 알 수 있다. 하지만, 매출에서 8배의 차이가 있었는데 당기순이익은 거의 비슷하다. 'LF'의 당기순이익이 너무 낮은 것일까? 아니면 '아이아이컴바인드'의 당기순이익이 높은 것일까? 하여튼 두 기업의 당기순이익이 금액적으로 비슷한 것으로 보아 'LF'가 수익성 면에서 비교 열세에 있을 것이 분명해 보인다.

2020년이 두 기업 모두에게 어려운 해였을 것이다. 공통적으로 매출과 영업이익 모두 감소했는데 '아이아이컴바인드'의 감소폭이 한눈으로 보아도 더 커보인다.

이런 점을 염두에 두면서 나무를 보는 순서로 이동해 보자.

🕐 2단계 : 나무를 보기

1) 안정성

단위: 억원	아이아이컴바인드		LF	
	2020년	2019년	2020년	2019년
안정성 관점				
유동비율	317%	353%	184%	185%
당좌비율	271%	286%	142%	133%
부채비율	34%	39%	75%	74%
현금규모	4.3	3.8	7.7	3.9

오랜 역사와 함께 훨씬 더 큰 규모를 소유한 'LF'의 재무적 안정성이 더 우수할지, 아니면 신생 기업인 '아이아이컴바인드'의 재무적 안정성이 더 우수할지 보는 순서이다.

우선 'LF'의 재무적 안정성을 먼저 살펴보면 상당히 안정적인 것이 확인이 된다. 1년 내 돌아오는 채무를 갚을 유동자산이 184%만큼 충분히 있고 더 보수적인 기준으로 본 당좌비율 또한 142%로 유동성 문제는 전혀 없음을 보여 준다. 거기에 부채비율이 75%로서 회사 안에 남의 돈보다 내 돈의 크기가 훨씬 더 큰 건강한 기업이다. 당장 사용 가능한 현금도 약 8개월치 운영 경비를 감당할 수 있는 규모로 보유하고 있다면 안정성 면에서 충분히 건전하다고 판단이 된다.

다음으로 '아이아이컴바인드'의 안정성은 어떤가? 유동비율, 당좌비율, 부채비율 등 안정성을 점검하는 지표들 모두에서 LF를 압도하는 월등한 수준을 나타내고 있다. 다만, 현금 보유량이 상대적으로 작지만 그것은 그리 큰 문제로 보이지는 않는다.

'아이아이컴바인드'는 패션계의 스타트업이라고 볼 수 있다. 그렇다면 이전 편에서 살펴보았던 유니콘 기업인 '우아한형제들'과 '무신사'의 안정성과 함께 나란히 살펴보는 것도 의미가 있을 것으로 생각된다.

단위: 억원	우아한 형제들		무신사	
	2020년	2019년	2020년	2019년
안정성 관점				
유동비율	82%	97%	191%	195%
당좌비율	81%	96%	128%	133%
부채비율	1147%	404%	193%	226%
현금규모(월판관비기준)	2.0	4.5	7.5	5.4

'우아한형제들'은 안정성 면에서 열악해 보이지만 든든한 주주가 뒤에서 버티며 기업의 전략적 선택을 고속 성장에 맞추고 있음을 기억하며 큰 의미를 두지 않으려 한다. 하지만, '무신사'와의 비교는 충분히 의미가 있을 것이다.

'무신사'와 비교를 해도 '아이아이컴바인드'의 안정성 지표는 월등한 비교 우위를 갖는다. 한 가지 확연한 차이점은 '무신사'와 '우아한형제들' 모두 부채비율이 높다는 점이다. 사실, 스타트업의 최대의 관심사이자 집중하는 포인트는 빠른 매출 성장이기에 부채비율이 안정적으로 낮기가 어렵다. 동원 가능한 모든 사용 자본을 최대한 매출 성장을 위한 목적으로 쏟아부어야만 하는 것이 대부분의 스타트업의 숙명이다. 그럼에도 '아이아이컴바인'드는 이상하리만치 너무나 안정적인 상태를 보여 준다. 이 기업의 안정성이 어느 정도인가 하는 것은 또 다른 패션계 강자와 비교해 보면 더욱 명확해진다. 비교 대상은 패션 기업들 중 가장 안정적인 기업으로 잘 알려진 '한섬'이다. '아이아이컴바인드'와 '한섬'의 비교표는 아래와 같다.

단위: 억원	아이아이컴바인드		한섬	
	2020년	2019년	2020년	2019년
유동비율	317%	353%	355%	330%
당좌비율	271%	286%	162%	125%
부채비율	34%	39%	28%	27%
현금규모	4.3	3.8	1.3	2.1

유동비율은 '한섬'이 높지만 상대적으로 '한섬'의 재고자산이 크기에 당좌비율에서는 역전 현상이 나타난다. 부채비율은 '한섬'이 더 낮지만 둘 사이 격차는 크지 않다. 강력한 유통망인 현대백화점의 계열사이기에 패션 기업으로서 막강한 자원을 보유한 '한섬'과 비교해 보아도 '아이아이컴바인드'는 대등한 수준을 보일 정도로 안정성에서 높은 지표를 유지한다.

이것이 바람직한지 아닌지는 명확히 판단하기 어려울 것이다. 다만, 2011년에 창립된 기업이 불과 9년이라는 짧은 기간에 3천억을 돌파했고, 지금까지 축적된 브랜드 파워를 고려할 때 충분히 더 크게 성장할 수 있으리라는 기대가 되는 기업이다. 2020년도에는 잠시 주춤거렸지만 앞으로 안정성보다는 성장성에 더 무게의 추를 두며 성장해 가지 않을까 예상을 해 본다.

아무튼 '아이아이컴바인드'의 안정성 수준은 업계 최상위권의 기업과 비교를 해보아도 전혀 손색이 없을 정도로 대단하다.

2) 수익성/성장성

단위: 억원	아이아이컴바인드		LF	
	2020년	2019년	2020년	2019년
수익/성장성 관점				
매출성장율	-30%		-13%	
원가율	21%	20%	44%	44%
매출총이익율	79%	80%	56%	56%
영업이익율	7%	22%	5%	5%
관리비율	72%	58%	51%	52%
당기순이익율	10%	15%	2%	4%

수익성과 성장성 관점으로 두 기업을 관찰하면 가장 먼저 눈에 띄는 것이 2020년의 매출 성장률이다. 'LF'가 국내를 절대적인 주요 시장으로 가지고 있는 반면 '아이아이컴바인드'는 해외 시장의 비중이 상대적으로 높다. 코로나로 인하여 2020년도에 가장 큰 타격을 받은 대륙 중 하나인 유럽을 주요 시장으로 가지고 있는 '아이아이컴바인드'로서는 매출에 더 큰 영향을 받았을 것이다. 2020년이 창사 이래 가장 큰 후퇴를 한 해가 될 것이 분명할 만큼 자그마치 30%의 매출 역성장을 기록했다. 그럼에도 불구하고 영업이익률이 'LF'보다 높은 7%를 기록했다.

그 비결은 무엇일까? 그 비결은 2019년에 담겨 있다. 상황이 정상적이었을 때 '아이아이컴바인드'의 수익 구조와 'LF'의 수익 구조를 보자.

2019년 수익구조 비교			
	LF	아이아이	차이
원가율	44%	20%	24%
판관비율	52%	58%	-6%
영업이익율	5%	22%	-17%

2019년 영업이익률에서 '아이아이컴바인드'(22%)가 'LF'(5%)보다 4.5배 높은 이익률을 기록했다. 이와 같은 차이를 가져온 가장 큰 요인은 바로 원가율이다. 20% 대 44%로서 두 배 이상의 차이를 보여 준다. 생각해 보면 너무나 단순하다. 제 아무리 낮은 판관비를 가지고 있다고 해도 원가가 우리 회사의 절반도 안 되는 수익 구조를 가진 회사가 있다면 도무지 그 수익성을 따라잡을 방법이 없을 것이다. 이 경우가 딱 그렇다. 'LF'가 '아이아이컴바인드'와 경쟁을 한다면 수익에 관한 한 시작부터 승산이 없는 것이나 다름이 없다. 통상적으로 안경과 선글라스 품목의 원가율은 낮기로 유명하고 원가율이 낮은 아이템을 창조적이고 대담한 아이디어로 브랜딩하여 높은 가격을 받을 수만 있다면 승산 있는 사업이 될 것임을 명석하게 간파한 것이다. 원가는 상대적으로 현저히 낮은 반면 마케팅을 위한 비용을 과감하게 사용하여 브랜드 인지도를 끌어올리는 것은 현명한 전략이었다.

'아이아이컴바인드'의 판관비 구성을 조금 더 세밀히 확인하기 위해 주석 32번의 판매비와 관리비를 다음과 같이 조회하였다.

이 비용 항목들 중 '아이아이컴바인드'가 브랜드력을 강화하기 위해 2019년에 사용한 비용은 광고선전비 182억 + 인테리어 비용 40억 = 합계 222억이었다. 2019년 매출액이 3,007억이었으니 매출의 7.4%를 브랜드 강화를 위해 썼다고 할 수 있을 것이다. 이런 논리로 2020년의 데이터를 구해 보면 매출이 전년 대비 30%가 줄어든 상황에서도 매출액의 8.5%(178억 원)를 사용했다. 글로벌 시장을 주름잡는 명품 패션 기업들이 평균적으로 사용하는 브랜드 관리 비용과 거의 유사한 수준을 '아이아이컴바인드'가 사용하고 있음을 알 수 있다. 더불어 광고선전비조차도 2020년에는 줄였지만 코로나의 직격탄을 받는 와중에도 공간에 대한 집념은 포기하지 않는 모습을 전년보다 31%나 증가한 인테리어 비용을 보며 느낄 수 있다.

이것이 바로 '아이아이컴바인드'의 전략이다. 수익 구조가 탁월한 아이템을 골라서 과감하고 대담한 투자로 브랜드 인지도를 키워 시장에 도전하는 것이 그들의 비즈니스 전략임을 재무제표를 통해서 알 수 있다.

32. 판매비와관리비
당기와 전기 중 판매비와관리비의 내역은 다음과 같습니다.

(단위:천원)

구 분	당 기	전 기
급여	26,987,636	25,793,612
퇴직급여	1,411,314	966,347
주식보상비용	525,257	129,647
복리후생비	3,228,137	2,986,249
여비교통비	733,305	1,409,648
감가상각비	27,373,153	22,742,938
임차료	3,134,998	2,400,899
지급수수료	7,032,936	9,009,521
광고선전비 ←	12,622,274	18,212,832
수출제비용	1,077,664	680,890
경상연구개발비	10,286,153	7,200,362
인테리어비용 ←	5,189,939	3,967,056
위탁판매수수료	30,076,983	60,697,408
기타	21,624,406	18,066,011
합 계	151,304,155	174,263,420

3) 효율성

단위: 억원	아이아이컴바인드		LF	
	2020년	2019년	2020년	2019년
효율성 관점				
총자산이익율	6%	13%	1%	3%
자기자본이익율	8%	18%	2%	5%
재고자산회전율	835%	998%	528%	497%
(재고자산 소진일수)	44	37	69	73
매출채권회전율	2118%	1648%	1568%	1490%
(매출채권 회수일수)	17	22	23	24

마지막으로 효율성 관점으로 살펴보자. '아이아이컴바인'드의 총자산이익률은 'LF' 대비 6배로 높고 자기자본이익률은 4배가 높다. 즉, 자산의 크기가 같다고 가정하면 같은 자산으로 6배나 높은 이익을 내고 같은 크기의 자본으로 4배 더 큰 이익을 낸다는 의미이다.

재고자산 소진 일수도 '아이아이컴바인드'가 44일로서 69일은 'LF'보다 25일이나 빠르다. 재고자산을 다 파는데 평균적으로 한 달 가까이 더 빠르게 팔고 있다는 의미이다.

매출채권 회수 일수는 17일로 전년 대비 더 빨라진 것으로 보아 채권 회수 관리 수준이 더 올라갔음을 알 수 있고 'LF'보다 6일 더 빠른 것으로 보아 양사 모두 이 면에서 양호하게 관리하고 있음을 알 수 있다.

SSG닷컴 vs 마켓컬리
신선 식품 유통의 양대 산맥*

점점 더 격화되는 신선 식품 배송 전쟁

對

필자는 2020년까지 9년간 유럽 생활을 마치고 2021년 1월에 한국으로 귀국했

---

* 이 글은 필자가 트렌드 정보지인 데일리트렌드(Daily Trend)에 기고한 글을 기초로 내용을 보완하고 추가한 글임을 밝힌다.

다. 14일간 했던 자가 격리 기간 동안 날 위로해 준 것들이 몇 가지 있었는데 '배민(배달의민족)'과 '마켓컬리'였다. 이 두 기업 덕분에 먹고 싶은 음식을 골라서 한 끼도 굶지 않고 건강하게 보낼 수 있었다. 그리고 한국 생활을 하면서 배송의 역할이 얼마나 생활에 밀착되어 있는지 어렵지 않게 알 수 있었다. 이번 편에서는 배송 중에 식품 배송, 그중에서도 새벽에 배송이 이루어지는 신선 식품 배송의 양대 산맥인 'SSG닷컴'과 '마켓컬리'를 비교해 보려 한다.

한국소비자원이 새벽 배송을 서비스하는 업체별 이용률을 조사한 결과에 따르면 '마켓컬리' 39.4%, '쿠팡' 35.8%, 'SSG닷컴' 16.4%, '오아시스마켓' 1.6% 순으로 나타났다. 새벽 배송 서비스 창시자답게 '마켓컬리'의 시장 점유율은 1위이고, 지난 9월 기준 누적 가입자 수는 900만 명에 이르렀다. 지난해 거래액 1조 원을 돌파했고 올해는 2조 원을 달성할 것으로 전망되고 있다.

SSG닷컴, 2025년까지 PP센터 확대..
온라인 스토어와 물류 네트워크를 강화하는
'투트랙(Two Track)' 전략

○○뉴스, 2021.11.4

SSG닷컴이 PP(Picking & Packing) 센터를 확대하여 자체 당일 배송인 '쓱배송' 물량 늘리기에 나선다고 4일 밝혔다. PP센터는 전국 110여개 이마트 매장을 활용한 SSG닷컴의 '온라인 물류 처리 공간'을 의미한다. 이는 온라인 스토어 '네오'와 더불어 전국 단위의 물류 네트워크를 강화하는 '투트랙(Two Track)' 전략의 일환이다. SSG닷컴 SCM본부장은 "김포와 용인에 있는 온라인 스토어 '네오'가 쓱닷컴 물류의 '심장'과도 같다면, PP센터는 전국 17개 시·도 곳곳에 생필품을 쉴 새 없이 나르는 '모세혈관'과 같은 역할을 한다."며 "오는 2025년까지 대형 PP센터를 전국에 70여 개 이상 확보해 '쓱배송', '새벽배송'을 포함 현재 하루 14만 건 수준인 온라인 장보기 배송 물량을 최대 36만 건까지 늘릴 수 있을 것"이라고 밝혔다.

기사에 따르면 'SSG닷컴'은 2025년까지 배송 가능 물량을 현재 하루 14만 건보다 두 배 반 늘어난 36만 건으로 만드는 것을 목표로 투자와 실험을 지속해 나가고 있다는 것이다. 'SSG닷컴'은 '마켓컬리'보다 늦게 시작한 새벽 배송 후발 주자이지만 시장의 주도권을 가져가기 위한 투자에 박차를 가하고 있는 모습이다. 한편 '마켓컬리'는 새벽 배송 분야에서만큼은 선도자로서 시장을 주도해 왔지만 새벽 배송을 넘어서는 한 방이 필요하다는 요구를 받고 있다. 'SSG닷컴'이나 '오아시스' 등 후발 주자들의 추격이 거세고 아직 넘어서야 할 난제들이(물류 기반의 상대적인 부족함 등) 산적하기에 '마켓컬리'를 향한 우려가 상존하기도 한다. 그럼에도 두 기업 모두 내년을 목표로 IPO를 준비하고 있는 이 시점에 치열하게 경쟁하고 있는 두 기업의 재무제표를 비교해 보는 것은 매우 흥미 있는 작업이 될 것 같다.

이제 분석을 위해 재무제표를 단순화하는 것으로부터 시작하자.

분석용 재무상태표 단위: 억원	SSG닷컴		마켓컬리	
	2020년	2019년	2020년	2019년
유동자산	6,685	8,211	2,231	1,153
현금성자산	1,100	1,925	1,492	735
매출채권	1,041	538	4	2
재고자산	150	182	363	250
총자산	19,852	20,504	5,871	2,756
유동부채	5,127	5,463	8,534	4,860
총부채	5,527	5,857	11,190	5,956
자본	14,324	14,647	-5,319	-3,200
총부채와 자본 합계	19,852	20,504	5,871	2,756

분석용 손익계산서 단위: 억원	SSG닷컴		마켓컬리	
	2020년	2019년	2020년	2019년
매출	12,941	8,442	9,531	4,259
매출원가	6,867	4,873	7,837	3,561
매출총이익	6,074	3,569	1,693	699
판관비	6,543	4,388	2,856	1,711
영업이익	-469	-819	-1,163	-1,013
당기순이익	-338	-585	-2,224	-2,415

🥧 1단계 : 숲을 보기

단위: 억원	SSG닷컴		마켓컬리	
	2020년	2019년	2020년	2019년
총자산	19,852	20,504	5,871	2,756
총부채	5,527	5,857	11,190	5,956
자본	14,324	14,647	(5,319)	(3,200)
매출	12,941	8,442	9,531	4,259
영업이익	(469)	(819)	(1,163)	(1,013)
당기순이익	(338)	(585)	(2,224)	(2,415)

'SSG닷컴(이하 'SSG')의 총자산이 '마켓컬리'보다 3.4배나 큰데 매출은 1.4배가 크다. 즉, 덩치는 'SSG'가 훨씬 더 크지만 2020년 기준 매출액은 그렇게 큰 차이가 나지 않는 것이다. '마켓컬리'는 자산 규모에 비해서 매우 큰 매출 규모를 만든 기업임을 이 두 개의 숫자 비교를 통해서 쉽게 알 수 있다.

그런데 한 가지 이상한 것이 눈에 들어온다. '마켓컬리'의 자산이 5,871억인데 총부채가 1조 1,190억으로 자산보다 부채가 더 크다. 이게 가능한 일인가? 재무상태표의 개념을 설명하면서 기업의 총재산은 내 돈과 남의 돈의 합으로 이루어져 있다고 설명을 했던 것을 기억할 것이다. 그런데 이 경우 내 돈이 마이너스인 상황이 나타난다. 단순히 가정해 보면 지금 이런 기업이 청산한다면 남의 돈 중 절반 정도는 갚을 수 없는 상태이다. 회계적으로는 이것을 자본의 완전 잠식이라고 부르는데 자본이 전혀 남아있지 않은 것을 말한다. 내가 투자한 돈이 한 푼도 남아 있지 않고 빚이 더 많은 상황, 이것이 국내 새벽 배송의 1인자인 '마켓컬리'

가 처해 있는 상황이다. 그뿐이 아니라 2019년 대비 2020년을 비교해 볼 때 부채는 늘고 자본의 마이너스도 커졌다. 더불어 영업 손실과 당기 순손실도 기록했다. 매년 2천억이 훨씬 넘는 당기 순손실을 기록했을 때 2년 반이면 5천억의 누적 손실이 나타나는 것이다. 자본이 마이너스 5,300억 이상이라는 의미는 추가 투자가 없다면 3년간 손실이 누적된 것이다. 이 상황을 어떻게 이해해야 하는 것일까? 과연 생존이 가능하기는 한 것일까? 이런 의문이 들어야 정상이다.

그럼에도 '마켓컬리'는 상장을 준비하고 있다. 그것도 기업 가치 5조원 이상을 바라보면서. 장부상 기업 가치가 전혀 없는 단계를 한참 지나 크게 마이너스임에도 기업 가치가 매출의 5배 이상이 나올 것으로 예상하니 놀라운 일이 아닐 수 없다. 하지만, 이런 일은 의외로 참으로 많다. 우리가 잘 아는 '아마존'을 비롯해서 '테슬라', '에어비앤비' 등 많은 기업들이 이런 길을 걸어왔다.

이제 나무를 보는 작업을 통하여 두 기업의 강점과 약점을 비교해 보도록 하자.

🕐 2단계 : 나무를 보기(1)

1) 안정성

단위: 억원	SSG닷컴		마켓컬리	
	2020년	2019년	2020년	2019년
안정성 관점				
유동비율	130.4%	150.3%	26.1%	23.7%
당좌비율	127.5%	147.0%	21.9%	18.6%
부채비율	38.6%	40.0%	-210.4%	-186.1%
현금규모	2.0	5.3	6.3	5.2

‘SSG’의 유동비율은 130%인 반면 ‘마켓컬리’의 유동비율은 26%이다. ‘마켓컬리’의 유동비율이 너무 낮게 나오는 것은 그동안 투자 받은 자금 중 회계상 차입금으로 기재되는 전환사채 우선주의 금액이 6,666억으로 크기 때문인데 장래에 이 차입금이 자본으로 전환된다는 가정을 해볼 경우, 그들의 유동비율은 104%로 당장 유동성에 문제를 나타내고 있지는 않다. 전환사채 우선주란 투자 당시 일정한 기간 동안에는 사채(차입금) 형태로 존재하다가 일정 기간이 지나면 우선주[*]로 전환을 할 수 있는 것을 말한다.

1) 원래 비율 → **유동자산 2,231억 / 유동부채 8,534 = 26.1%**

2) 바뀌는 비율 → **유동자산 2,231+전환사채우선주 6,666 = 8,897억 / 유동부채 8,534 = 104%**

당좌비율은 유동비율의 분자에 해당하는 유동자산에서 재고자산을 제외하는 것인데 ‘SSG’ 127%이고 ‘마켓컬리’ 22%이다. ‘SSG’나 ‘마켓컬리’ 모두 유동비율과 당좌비율의 차이가 3%~4% 정도의 낮은 정도인데 이것은 그만큼 재고자산이 낮다는 것을 의미한다.

부채비율(=부채/자기자본)도 ‘SSG’가 39%로 ‘마켓컬리’를 압도한다. ‘마켓컬리’는 그동안의 누적된 손실이 자기자본을 넘어서 자본 잠식 상태로서 자본이 −5,319억이기에 사실상 부채비율을 구할 수 없는 상황이다. 다만, 투자 받은 전환사채를 미래의 자본으로 간주하여 자본에 더해서 본다면, 그들의 자본은 1,347억이 되고

---

[*] 배당이나 청산 시에 우선적으로 챙겨갈 수 있는 권리를 가진 주식

이때의 부채비율은 336%이다.

추가적으로 현금과 현금성 자산 잔액을 보면 'SSG'가 1,100억 원으로 2개월치의 판관비 수준, '마켓컬리'가 1,492억원으로 6개월치 판관비 수준의 현금을 보유하고 있다. 이 숫자만 보면 '마켓컬리'가 가지고 있는 현금이 더 크지만 현재 기업의 상황을 고려하면 다음과 같이 이해가 된다.

'SSG'는 B2C 사업을 하고 있기에 돈을 받는데 어려움이 없다. 매출만 유지된다면 굳이 현금의 형태로 많이 쌓아두고 있을 필요가 없다. 이럴 때 기업들은 단기금융자산 등의 형태로 보유하는 경우가 많다. 'SSG'의 재무상태표를 보면 단기금융자산이 2,000억이 실제로 있다. 반면 '마켓컬리'는 모두 현금으로 들고 있다. 그만큼 한치의 여유도 누릴 상황이 아니기에 어떤 긴급한 상황에서라도 바로 사용이 가능한 현금이나 현금에 준하는 상태의 자산으로 들고 있고 싶을 것이다.

안전성 면에서 두 기업의 격차가 너무 나기에 비교 자체가 무색하다는 느낌이 든다.

2) 수익/성장성

단위: 억원	SSG닷컴		마켓컬리	
	2020년	2019년	2020년	2019년
수익/성장성 관점				
매출성장율	53.3%		123.7%	
원가율	53.1%	57.7%	82.2%	83.6%
매출총이익율	46.9%	42.3%	17.8%	16.4%
영업이익율	-3.6%	-9.7%	-12.2%	-23.8%
관리비율	50.6%	52.0%	30.0%	40.2%
당기순이익율	-2.6%	-6.9%	-23.3%	-56.7%

두 기업 중 누가 더 성장에 목말라 있을까? 손익계산서를 통해 보여지는 각자의 특징은 무엇일까?

'마켓컬리'의 성장률을 보면 이게 현실인가 싶은 느낌의 숫자이다. 매출액이 2019년에 4,259억에서 2020년에 9,531억으로 124% 성장! 한마디로 이건 폭발성장이다. 'SSG'를 보아도 성장률이 작지 않은 53%이다. 생각난 김에 경쟁사인 '오아시스'의 매출 성장률도 확인해 보았다. 2019년 매출 1,423억에서 2020년 2,386억으로 68% 성장이다. 그뿐인가? 식품 배송의 대표 주자이자 유니콘 기업인 '우아한형제들' 또한 94%이다. 이쯤 되면 새벽 배송을 포함한 식품 배송업계가 2020년 얼마나 폭발적으로 성장을 했는지 알 수 있다.

두 기업의 원가율은 29% 차이가 벌어져 있는 상황이다(82% - 53% = 29%). 같은 품목을 다루면서 어떻게 이런 큰 차이가 날 수 있는지는 쉽게 추측이 가능하다. 신세계 이마트 계열의 'SSG'이기에 엄청난 규모의 경제를 누릴 수 있을 것이다. '마켓컬리'는 혈혈단신으로 자신의 길을 개척해 가는 스타트업이다. 원가에서의 29%의 차이를 극복해 가면서 신세계 그룹을 상대로 마켓 선두의 자리를 지키고 있다는 점에서 대단하다는 생각도 들지만 얼마나 힘들까라는 공감도 하게 된다. '마켓컬리'에게 있어서 당기 순손실 23.3%나 56.7%는 전쟁에서 얻은 영광의 상처이자 치열한 전투를 잠시 중단하고 제대로 들여다본 상처의 깊이일 것이다.

매출 총이익에서 29%나 앞서간 'SSG'가 다음 계단의 이익인 영업이익률에서 20%를 따라 잡힌다. 판관 비율이 'SSG' 50%, '마켓컬리' 30%. 이 또한 극적인 부분이다. 원가율에서 'SSG'가 한방 크게 때리니 주춤거리던 '마켓컬리'가 판관비로 반격을 제법 크게 한다. 그럼에도 'SSG'가 나은 결과를 얻는 것으로 마무리되는 격투 현장일 것이다.

배송을 업으로 하는 기업에게 물류 센터의 중요성은 지대할 것이다. 마켓컬리는 그 부분에서 'SSG'에 비해 절대적으로 열세이다. 그렇기 때문에 그동안 받아온 투자금 중 많은 부분이 그 목적으로 투자되어 왔다는 것을 주석을 통해 확인할 수 있다. 아래 표는 '마켓컬리'의 주석 12번에 실린 사용권 자산 내역이다. 사용권 자산이란 소유가 아닌 임차나 리스 방식으로 빌려 쓰는 자산을 의미한다. 지난 3년간 물류 센터를 위한 투자의 증가 속도를 보면 얼마나 빠르고 절박하게 물류 센터를 확충해 왔을지 느낌이 온다.

가. 사용권자산

(단위 : 천원)

구분	당기말	전기말 (감사받지 아니한 재무제표)	전기초 (감사받지 아니한 재무제표)
부동산	277,217,210	118,303,613	43,065,772
임차시설개량(*)	2,899,832	1,185,324	504,609
차량운반구	1,869,019	1,166,818	501,245
비품	8,122	–	–
합계	281,994,183	120,655,755	44,071,626

2018년 440억 → 2019년 1,183억(증가율 269%) → 2020년 2,772억(증가율 234%).

매년 두 배 이상으로 물류 센터를 확충해 온 '마켓컬리'의 역사가 보인다. 숫자에서도 역사는 보이는 법이기 때문이다.

수익성 면에서 'SSG'가 훨씬 유리한 것으로 보인다. 현격한 차이를 벌린 원가율로 처음부터 게임을 주도하기에 경쟁에서 수월할 수밖에 없고 이익으로 전환되는 속도도 훨씬 빠를 수밖에 없을 것이다. 하지만, 진짜 진검승부는 두 기업 모두 IPO를 마치고 새로이 받은 엄청난 규모의 투자금을 어떤 전략으로 어떻게 사용하느냐에 달려 있다고 할 수 있다.

이제 수익성과 성장성 부분을 정리해 보겠다.

'마켓컬리'는 매출액에서 가공할 만한 성장률을 앞세워 2019년 'SSG'의 50% 수준 매출에서 2020년 74% 수준으로 빠르게 추격하고 있다. 매출의 급속한 성장에 힘입어 영업손실율도 2019년 -24%에서 2020년 -12%로 큰 폭으로 개선되고 있는 점은 매우 긍정적이다. 하지만, 매출성장률을 제외한 손익계산서 상의 대부분의 수익성 지표에서 'SSG'의 개선 속도가 '마켓컬리'보다 빠르게 진행되고 있음이 확인된다. 'SSG'의 영업손실율은 2019년 -10%에서 2020년 -4%로 개선되었으며 이 속도로 간다면 'SSG'는 조만간 BEP를 넘어설 것으로 보이는 반면 '마켓컬리'는 아직은 적자와의 싸움을 당분간 더 이어갈 것으로 예상된다.

3) 효율성

단위: 억원	SSG닷컴		마켓컬리	
	2020년	2019년	2020년	2019년
효율성 관점				
총자산이익율	-1.7%	-2.9%	-37.9%	-87.6%
자기자본이익율	-2.4%	-4.0%	N/A	N/A
재고자산회전율	8652.8%	4638.6%	2622.3%	1704.7%
(재고자산 소진일수)	4.2	7.9	13.9	21.4
매출채권회전율	1243.2%	1569.1%	223762.5%	271955.4%
(매출채권 회수일수)	29.4	23.3	0.2	0.1

전체 자산으로 얻은 이익을 보는 총자산이익률의 경우 'SSG' -2%, '마켓컬리' -38% (두 기업 모두 적자 상태이기에), 자기자본으로 얻은 이익을 보는 자기자본이익률 'SSG' -2%, '마켓컬리' -42%로 자산과 자본의 활용도 면에서 'SSG'가 앞선

다. 여기서 흥미로운 것은 'SSG'가 '마켓컬리'보다 매출은 1.36배 크면서도 재고 자산은 41% 수준으로 '마켓컬리'의 절반에도 미치지 못한다는 것이다. 때문에 매출을 재고로 나눈 재고자산회전율의 경우 'SSG'는 8,700%인 반면 '마켓컬리'는 2,622%이다. 이 말은 'SSG'가 '마켓컬리'에 비해 같은 재고를 가지고 약 3.3배 더 큰 매출을 기록하는 효율을 보여주고 있다는 것이다. 그 이유가 더 큰 충성고객 군 때문인지, 마케팅의 역할인지, 배송 능력 때문인지 재무제표에서 알 수는 없지만 결과적인 숫자 정보에서 우리는 'SSG'의 능력을 다시금 보게 된다. 이렇다 보니 'SSG'의 2020연말 재고 금액은 150억으로서 '마켓컬리'의 363억에 비해 월등히 작다.

반면, 매출채권에 대한 관리는 '마켓컬리'가 압도적인 효율성을 보여 준다. 'SSG'가 약 한 달 뒤에 대금을 수금하는 것과 비교하여 '마켓컬리'는 0.2일만에 받아들이는 사실상 현장 결제와 비슷한 기록을 보여준다. 어떻게 이런 숫자가 나왔는지 약간의 의구심이 들지만 발표된 재무제표의 기록을 그대로 따라 결과만 전달하기에 그 속에 담긴 의미는 우리가 다 알기는 어렵다.

◑ 2단계 : 나무를 보기(2)

모든 비교가 끝났지만 한 가지 흥미로운 작업이 남아 있다.

우리나라 신선 식품 배송을 하는 유통업체 거의 대부분 사업적으로 참고하는 롤 모델로 삼는 기업이 분명 있을 거라고 믿는다. 그리고 그런 롤 모델로 참고하는 기업 중 영국 기업인 오카도Ocado가 수위권에 들어 있지 않을까 싶다. 오카도는 영국에서 2000년에 시작된 신선 식품 배송 유통 기업으로서 2010년에 런던 주식시장에 IPO를 한 기업이다.

방금 비교했던 두 개의 기업 중 더 나은 지표를 가진 'SSG'와 '오카도'를 비교해 보면 우리나라 신선 식품 배송업체와 세계적인 기업의 수준을 가늠해 볼 수 있는 기회가 될 것이다.

'오카도'는 과연 어떤 기업일까? 중요한 사항만 간단히 정리해 보면 아래와 같다.

- 오카도는 2000년에 설립되어 2010년에 상장되었다.
- 오카도는 자신의 정체성을 기술 기업으로 정의한다. 매년 약 630억 원을 기술에 투자하며 물류센터의 자동화 시스템, 자율 배송 트럭, 배송 로봇이나 휴머노이드 로봇 등 유통 과정에 필요한 신기술 연구를 한다.
- 오카도의 현재 기업 가치는 21조5천억 정도이다.
- 이마트는 2020년 매출이 22조이면서 시가 총액이 4.5조인데 오카도는 36.8조이면서 시가 총액이 21.5조이다. 오카도의 매출이 이마트에 비해 1.7배이지만 시가 총액은 자그마치 4.8배이다. 그 정도로 오카도는 투자자들에게 인정받는 기업이다.
- 오카도는 오프라인 매장을 하나도 가지고 있지 않으면서도 2020년 기준으로 37조의 매출을 올리고 있다.
- 영상으로 보고 싶은 분은 〈We Are Ocado Technology〉라는 유튜브 영상을 꼭 보길 추천한다. 훨씬 생생하게 오카도라는 기업을 느낄 수 있을 것이다.

이 정도만 보아도 마치 괴물 같은 유통기업으로 느껴지지 않을까? 이제부터 우리는 그런 '오카도'와 'SSG'를 비교해 보려 한다. 먼저 아래의 표를 보자.

단위: 억원	SSG닷컴		오카도	
	2020년	2019년	2020년	2019년
총자산	19,852	20,504	63,646	36,233
총부채	5,527	5,857	34,618	19,527
자본	14,324	14,647	29,028	16,705
매출	12,941	8,442	36,842	27,754
영업이익	(469)	(819)	139	(2,936)
당기순이익	(338)	(585)	(1,100)	(3,346)

'오카도'가 총자산에서 'SSG'보다 3.2배 크고 매출은 2.8배가 크다. 자산에서나 매출에서나 약 3배가 더 크다고 이해하면 될 것 같다. '오카도' 역시 2019년에는 적자를 기록했지만 2020년 코로나 상황 가운데 영업이익이 흑자로 전환되었다. 하지만, 아직 당기순이익은 적자 상태에 머물고 있다. 전년에 비하면 1/3 수준으로 낮아져서 매우 고무적이지만 아직은 순손실 상태이다. 이 추세로 나간다면 2021년도에는 당기순이익이 기대되기도 한다. '오카도'는 영국에서도 가장 빠르게 성장하는 기업 중 하나로 꼽히는 기업이다.

1) 안정성

	SSG닷컴		오카도	
	2020년	2019년	2020년	2019년
안정성 관점				
유동비율	130.4%	150.3%	481.9%	219.2%
당좌비율	127.5%	147.0%	469.4%	208.1%
부채비율	38.6%	40.0%	119.3%	116.9%
현금규모	2.0	5.3	25.4	9.9

'오카도'의 유동성 수준이 정말 돋보인다. 단기에 상환해야 하는 부채를 갚을 유동자산이 거의 5배가 있다는 놀라운 유동성을 보여 준다. 두 기업 모두 많은 재고자산을 오래 쌓아 두고 파는 형태의 비즈니스를 하고 있지 않고 식선 식품을 다루는 기업이기에 당좌비율과 유동비율의 차이는 그리 크지 않다. 부채비율에서 '오카도'가 'SSG'보다 상당히 큰 수치를 보여 주지만 통상적인 수준에서 벗어나지 않았기에 안정성에서 전혀 문제로 보이지는 않는다. 유동비율에서는 '오카도'의 압승, 부채비율에서는 'SSG'의 압승. '오카도'는 유동성을 더 중요시하고 'SSG'는 낮은 부채를 더 중요시하는 모습을 보인다.

2) 수익/성장성

수익/성장성 관점	SSG닷컴		오카도	
	2020년	2019년	2020년	2019년
매출성장율	53.3%		32.7%	
원가율	53.1%	57.7%	65.1%	66.3%
매출총이익율	46.9%	42.3%	34.9%	33.7%
영업이익율	-3.6%	-9.7%	0.4%	-10.6%
관리비율	50.6%	52.0%	34.5%	44.3%
당기순이익율	-2.6%	-6.9%	-3.0%	-12.1%

2000년에 설립된 '오카도'는 20년 만에 흑자로 돌아섰다. 그들이 얼마나 성장 중심적으로 커왔는지 알 수 있는 대목이다. 영국 내에는 세계적으로도 잘 알려진 기라성 같은 유통 공룡들이 많기로 유명한데, '오카도'는 그들 중 4위에 올라 있을 정도로 빠르게 지금의 규모까지 성장해 왔다.

'SSG' 또한 만만치 않은 속도로 빠르게 성장하고 있으며 좋은 경쟁자들을 두고 있기에 서로 선의의 경쟁을 하고 있다. 성장률 면에서 'SSG'가 우위에 있지만 아직은 더 가야 할 성장의 길이 있다.

수익성 면에서 'SSG'의 원가율이 갖는 경쟁력이 정말 대단함을 한번 더 확인할 수 있다. '오카도'의 원가율보다 12%나 더 낮고 이것은 2019년의 9% 차이보다 더 늘어난 격차이다. 그럼에도 판관비 부분에서 16%나 '오카도'가 낮아서 전체적으로 'SSG'가 4% 비용 구조가 높음을 알 수 있다. 'SSG'가 가지고 있는 앞으로의 숙제가 판관비 구조를 낮추는 것임을 알 수 있다. 앞으로 지속적으로 현재의 50% 이상의 판관 비율을 낮추는 시도를 꾸준히 할 것으로 생각한다.

3) 효율성

효율성 관점	SSG닷컴		오카도	
	2020년	2019년	2020년	2019년
총자산이익율	-1.7%	-2.9%	-1.7%	-9.2%
자기자본이익율	-2.4%	-4.0%	-3.8%	-20.0%
재고자산회전율	8652.8%	4638.6%	3785.4%	3424.2%
(재고자산 소진일수)	4.2	7.9	9.6	10.7
매출채권회전율	1243.2%	1569.1%	1162.4%	1171.1%
(매출채권 회수일수)	29.4	23.3	31.4	31.2

효율성 관점에서 본 두 기업은 비슷한 느낌을 준다. 재고 소진을 'SSG'가 더 빠른 시간에 한다는 점을 제외하면 나머지가 참 닮아 있다는 느낌을 주는 수치이다. '오카도'는 2020년을 계기로 경영지표들이 빠르게 현저히 개선되고 있는 것 같다.

전반적인 면에서 'SSG'는 '오카도'와 비교해도 크게 뒤지지 않는, 아니 오히려 앞서는 지표들을 보여주고 있다. 이제 남은 과제는 성장률을 이어가는 것과 더불어 판관비에 대한 관리 수준을 높여가는 것으로 파악이 된다.

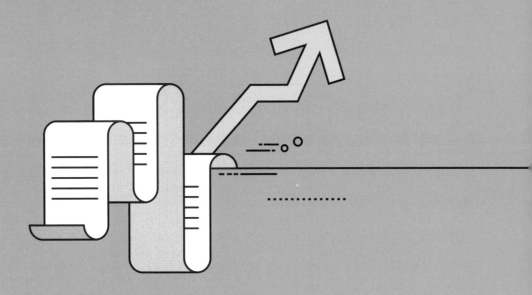

제4장

재무제표를 실전으로 익히다

① 머리로 이해한 재무제표를 손으로 익히기

이 파트의 목적은 앞에서 설명한 내용들을 보고 든 생각에 대해 대답하는 시간이자, 머리로 이해한 내용을 손으로 익히는 실전 연습의 시간을 갖는 것이다. 실제로 여러분의 손으로 숫자를 직접 써넣고 그에 따른 양식의 변화를 느끼고 경험해 보아야 비로소 지금까지 읽은 내용이 여러분의 것이 되는 것이기에 이 파트가 대단히 중요하다고 강조하고 싶다.

지금부터 필자의 가이드에 따라 천천히 따라해 보자.

〈순서〉

1. **필자가 사전에 제작한 샘플 양식 파일을 다운받는다.**

   네이버에 "PAZIT BOOK" 검색 → pazit_book

   → '파지트북_자료실'에서 다운받거나 QR코드 스캔

2. **분석하고 싶은 재무제표를 준비한다.**

   (독자가 근무하고 있는 기업도 좋고 다른 기업도 좋다. 분석하고 싶은 기업과 비교하고 싶은 비교

   대상 기업의 재무제표를 준비한다.

   DART에 접속해서 기업명으로 조회를 하고 연결재무제표나 개별재무제표를 출력한다.

   재무상태표와 손익계산서만을 우선적으로 다루기 때문에 이 두 개의 자료를 준비한다.)

3. 재무상태표와 손익계산서에서 아래의 항목들만 양식에 옮겨서 적는다. 이때 금

   액에 대한 단위는 억 원을 일반적으로 사용하는 것이 편하며, 소규모의 기업의

   경우엔 백만 원을 단위로 사용하면 된다. 아래 양식은 다운로드 받은 파일의 분

   석용 재무상태표와 분석용 손익계산서이다. 공시된 재무제표 자체는 복잡하지

   만 그중 아래의 항목들을 찾아서 해당 금액을 아래의 표에 기재하는 것이다. (색

   부분만 기재)

단위: 억원

분석용 재무상태표	기업A		기업B	
	당해연도	직전연도	당해연도	직전연도
유동자산				
현금성자산				
매출채권				
재고자산				
총자산				

유동부채	
총부채	
자본	
총부채와 자본 합계	

분석용 손익계산서

매출	
매출원가	
매출총이익	
판관비	
영업이익	
당기순이익	

4. 시험적으로 이 양식의 내용을 가상의 숫자로 단순하게 아래와 같이 채워 보도록

해 보자.

단위: 억원

	기업A		기업B	
	당해연도	직전연도	당해연도	직전연도
분석용 재무상태표				
유동자산	100	90		
현금성자산	40	40		
매출채권	20	15		
재고자산	10	10		
총자산	200	190		
유동부채	80	70		
총부채	120	115		
자본	80	75		
총부채와 자본 합계	200	190		

분석용 손익계산서

매출	80	75
매출원가	40	40
매출총이익	40	35
판관비	20	21
영업이익	20	14
당기순이익	15	10

이렇게 숫자를 써넣으면 〈1단계 : 숲을 보기〉와 〈2단계 : 나무를 보기〉의 관련 자료

들이 아래와 같이 자동으로 생성되어 나온다.

1단계: 숲을 보기

단위: 억원	기업A		기업B	
	당해연도	직전연도	당해연도	직전연도
총자산	200	190	0	0
총부채	120	115	0	0
자본	80	75	0	0
매출	80	75	0	0
영업이익	20	14	0	0
당기순이익	15	10	0	0

2단계: 나무를 보기

단위: 억원	기업A		기업B	
	당해연도	직전연도	당해연도	직전연도
안정성 관점				
유동비율	125.0%	128.6%	#DIV/0!	#DIV/0!
당좌비율	112.5%	114.3%	#DIV/0!	#DIV/0!
부채비율	150.0%	153.3%	#DIV/0!	#DIV/0!
현금규모	24	23	#DIV/0!	#DIV/0!

수익/성장성 관점

매출성장율	6.7%		#DIV/0!	
원가율	50.0%	53.3%	#DIV/0!	#DIV/0!
매출총이익율	50.0%	46.7%	#DIV/0!	#DIV/0!
영업이익율	25.0%	18.7%	#DIV/0!	#DIV/0!
관리비율	25.0%	28.0%	#DIV/0!	#DIV/0!
당기순이익율	18.8%	13.3%	#DIV/0!	#DIV/0!

효율성 관점

총자산이익율	7.5%	5.3%	#DIV/0!	#DIV/0!
자기자본이익율	18.8%	13.3%	#DIV/0!	#DIV/0!
재고자산회전율	800.0%	750.0%	#DIV/0!	#DIV/0!
(재고자산 소진일수)	46	49	#DIV/0!	#DIV/0!
매출채권회전율	400.0%	500.0%	#DIV/0!	#DIV/0!
(매출채권 회수일수)	91	73	#DIV/0!	#DIV/0!

5. 원하는 기업의 자료가 다 나온 것이 확인되면 비교 대상 기업의 재무제표도 동

일하게 써넣는다.

두 기업의 자료를 배운 대로 비교해 가며 읽는다.

② 단계별 포인트 요약 정리

🕐 <1단계 : 숲을 보기>의 포인트 정리

1단계에서는 큰 눈으로 대강 훑어보는 것으로 충분하다. 어느 정도 규모인지, 부채가 자본보다 큰지 작은지, 이익이 나는지 안 나는지 등 이런 기초적인 정보를 파악하는 것이다.

- 총자산 규모와 매출 규모를 본다. 규모가 작은 것과 큰 것 사이에는 생각보다 큰 차이가 존재한다. 마치 큰 배와 작은 배가 항해할 때, 위험성이 다른 것과 같다. 대양을 건너는 배는 모두 크다.
- 자산 중 부채와 자본의 비중을 본다. 부채가 너무 크면 의구심을 가져야 한다.
- 영업이익과 당기순이익의 규모를 본다.

🕐 <2단계 : 나무를 보기>의 포인트 정리

2단계에서는 3가지 관점으로 기업을 더 상세하게 살펴보는 작업을 하게 된다.

안정성 관점의 포인트 정리

유동비율을 가지고 안정성을 판단하는 기준이 고정화되어 존재하는 것은 아니다. 다만, 대략적이나마 유동비율에 대한 최소한의 구분을 가짐으로 여러분의 해석의 명료함과 편의성을 가져보는 것도 나쁘지 않을 것이기에 아래와 같이 기준을 제시한다.

200% 초과	매우 높은 수준의 안정성
100% 초과 ~ 200% 이하	높은 수준의 안정성
50% 초과 ~ 100% 이하	위험 수준은 아니지만 주의가 필요
50% 미만	위험 수준

당좌비율은 유동자산에서 재고자산을 제외한 숫자를 유동부채로 나누는 것이기에 유동비율보다 다소 보수적으로 본 유동성 지표이다. 때문에 유동비율의 기준에서 20%씩 낮추어 보면 되리라 생각한다.

부채비율은 200%를 기준선으로 잡고 아래와 같이 이해하면 좋을 것 같다.

400% 초과	매우 위험하여 당장의 조치가 필요한 수준
300% 초과 ~ 400% 이하	위험하여 조치가 필요한 수준
200% 초과 ~ 300% 이하	약간 위험한 수준

100% 초과 ~ 200% 이하	큰 문제가 없지만 관리가 필요한 수준
50% 초과 ~ 100% 미만	안전한 수준
20% 초과 ~ 50% 이하	매우 안전한 수준
20% 이하	사실상 무차입 경영에 준하는 안전 수준

현금 규모는 월 판관비(=연간 판관비/12)의 몇 개월치의 현금을 보유하고 있는지 확인하는 안전성 지표이다. 현금 보유량은 기업마다 기준이 다를 수 있다. 현금 유입의 지속성과 안전성이 높다면 굳이 당장 많은 현금을 가지고 있을 필요가 없다. 왜냐하면 매일, 매주, 매월 고정적으로 일정한 현금이 들어온다는 확신이 있다면 필요 이상의 현금을 들고 있기보다는 약간 낮은 현금을 보유하고 나머지는 활용하는 편이 낫기 때문이다.

현업에서 필자가 가장 보편적으로 보아온 현금 보유량은 3개월치 월 판관비 규모였다. 하지만, 각 기업의 상황이나 특수성을 고려하여 내부적인 기준을 정하는 것이 좋을 것 같다.

수익성/성장성 관점의 포인트 정리

매출 성장률의 기준을 살펴보면 다음과 같다.

100% 초과	로켓에 탄 듯한 빠르기의 급성장
50% 초과 ~ 100% 이하	고속 성장기에 있는 스타트업에서 보여지는 쾌속 성장
20% 초과 ~ 50% 이하	상당히 높은 성장률
10% 초과 ~ 20% 미만	높은 성장률
5% 초과 ~ 10% 이하	높지 않지만 양호한 성장률
0% ~ 5%이하	사업이 안정권에 접어들어 저성장하거나 정체기에 빠져 매출이 횡보하는 경우

매출 총이익률은 회계 필드에서는 매총 이익률이라고 줄여서 부르기도 하는데 '매출 총이익/매출'의 산식으로 구성되어 있고 (100%-원가율)과 같은 결과이다.

매총이익률은 산업에 따라 다르다. 책에 소개된 기업들만 살펴보아도 속한 산업군에 따라 다른 원가율 범위를 나타내고 있음을 쉽게 알게 된다.

중요한 것은 내가 보고자 하는 기업의 직접적이거나 잠재적인 경쟁사들의 원가율과 매총이익률을 조사해서 비교해 보는 것이다. 그것을 통해 원가율과 매총이익률의 수준을 가늠할 수 있다.

사례에 등장했던 기업들의 원가율과 매총이익률을 간단하게 살펴보겠다.

기업명	2020년 매총 이익률	2020년 비교대상 기업의 매총 이익률
현대자동차	18%	폭스바겐 17% vs 도요타 18%
아이아이컴바인드	79%	LF 56% vs 한섬 59% vs 무신사 61%
SSG닷컴	47%	마켓컬리 18% vs 오카도 35%

매총 이익률이 높은 것은 원가율이 낮은 것을 의미하며 원가율이 낮은 것은 게임의 시작부터 엄청난 강점을 가지고 하는 것과 같다.

원가율이 낮은 기업은 가격을 타사보다 높게 받거나 원가를 타사보다 낮게 구성할 수 있는 능력이 있음을 의미한다. 브랜드력이 높거나 제작 비용을 월등히 낮게 가져가는 구조를 가지고 있다는 것이다. 때문에 이 하나의 숫자로 많은 의미를 상상할 수 있고 그 가설로부터 검증을 시작할 수 있다.

영업이익률은 원가와 매출 총이익에 하나가 더 반영되어 계산된다. 바로 판관비이다. 영업이익은 결론적으로 영업활동에서 얻어지는 이익을 말하는데 업종에 따라 평균적인 영업이익률이 나타나지만 그 차이에도 불구하고 아래의 기준으로 생각을 정리해 보는 것도 좋을 것 같아 공유한다.

20% 초과	상당히 높은 이익률로서 대부분의 업계에서 이 정도면 최상위 그룹에 해당함
10% 초과 ~ 20% 이하	높은 이익률로서 업계 상위 그룹에 해당함
5% 초과 ~ 10% 미만	적당한 이익률 수준으로서 성장을 위한 자본이 모이기 시작하는 수준
2% 초과 ~ 5% 이하	낮지만 영업외비용과 세금을 감당하고 당기순이익을 낼 수 있는 기반이 되는 정도의 이익
0% ~ 2% 이하	매우 낮은 수준으로 금융 비용을 지출하는 기업이라면 이 수준의 영업이익으로 당기순이익을 내기가 만만치 않은 경우가 많음

당기순이익률은 영업 외 비용과 법인세를 공제하고 남는 궁극의 이익을 말한다. 영업이익이 높다고 다 당기순이익이 높은 것이 아니고 영업이익이 낮다고 당기순이익이 낮은 것이 아니다. 둘 사이에는 영업 외 활동에서 나오는 소득과 비용이 있고 그것에 따라 당기순이익이 현저히 달라지기도 한다.

당기순이익이 영업이익과 너무 다르다면 영업외 수익과 비용을 살펴보면 이유가 나타난다. 그것은 손익계산서 상에서 확인이 어렵다면 주석을 찾아보아야 하는 경우가 잦다.

당기순이익을 판단하는 기준은 영업이익과 일맥상통하기에 별도로 제시하지 않겠다.

효율성 관점의 포인트 정리

총자산이익률도 업종별로 상이한 양상을 보이지만 같은 업종에서는 통상 유사한 흐름을 보이는 경우가 많다.

기업명	총자산이익률
현대자동차	1%
카카오	5%

'현대자동차'는 당기순이익을 총자산으로 나눈 총자산이익률이 1%이다. 이 말은 가지고 있는 총재산으로 1%의 이익을 거두고 있다는 의미이다. 반면 '카카오'는 5%의 총자산이익률을 거둔다. '카카오'가 '현대자동차'에 비해서 자산 활용도 면에서 5배의 효율을 자랑하고 있다. 왜 이런 일이 발생할까?

'현대자동차'는 고정 자산이 매우 큰 기간 산업이지만 '카카오'는 자산이 작은 IT기업이다. 금액으로 두 기업의 자산액을 비교해 보자.

기업명	총자산액 (억 원)	비유동자산
현대자동차	209.3조	125.6조
카카오	11.9조	7조

'현대자동차'는 자산 총액에서 '카카오'보다 17배 크고 비유동자산에서는 18배 크다. 지난 몇 년간 공유경제가 엄청난 파장을 몰고 왔다. 공유경제 해당 기업들은 자기 자산을 크게 가지고 있지 않고 다른 이들의 재산을 이용할 수 있는 플랫폼을 제공하는 것이다. '우버'가 그렇고 '에어비앤비'가 그렇다. 즉, 내 재산을 많이 안 가지고 이익을 올리는 사업의 형태가 나타나고 번성하면서 효율성의 중요도는 더욱 상승하고 있다. 자산도 결국 돈이다. 돈을 적게 들이고 더 많이 벌겠다는 의도가 효율성 지표에 들어 있다고 보면 된다.

해석 시 기준은 총자산이익률이 당기순이익률보다 높다면 총자산 활용도가 매우 높은 기업이라고 이해할 수 있다.

하지만, 효율성을 살피는 지표로 자기자본이익률을 더 많이 활용한다.

자기자본이익률은 당기순이익을 자기자본으로 나눈 비율이다. 자기자본이익률은 워렌 버핏이 투자 시에 꼭 점검하는 비율로 잘 알려져 있다. 그는 자기자본이익률이 15%를 넘는 기업에 한하여 투자를 했다고 한다.

기업명	자기자본이익률
하이브	7%
JYP	16%
SM	−13%
우아한형제들	−87%
무신사	22%
현대자동차	3%
폭스바겐	7%
도요타	9%
아이아이컴바인드	8%
LF	2%
네이버	10%
카카오	2%
SSG닷컴	−2%
마켓컬리	−38%

실제로 기업들을 두루 찾아보아도 자기자본이익률 15% 기준을 넘어서는 기업들이 그리 많지는 않다. 그렇기에 현실적으로 10% 이상만 되어도 매우 좋은 수준으로 인식해도 무방한 것 같다.

재고자산회전율은 '네이버', '카카오', '우아한형제들'과 같이 재고자산이 없는 기업들은 해당 사항이 없음을 먼저 밝힌다. 하지만 재고를 가지고 사업을 하는 모든 기업들에게 이 효율성 지표는 매우 유용하다.

이 지표는 현재 가지고 있는 재고 대비해서 얼마나 큰 매출을 얻었는지를 보는 것이다. 당연히 %가 높을수록 좋다. 그런데 이 지표를 가지고 살짝 틀어서 적용하면 재고를 다 파는데 평균적으로 며칠이 소요되는지를 알 수 있다. 산식은 다음과 같다.

재고 소진 일수 = 365(일) / 재고자산회전율

경험상 재고 소진 일수로 지표를 보는 것이 이해하는 데 있어서 편하다.

필자가 한 패션 정보지에 연재를 위해 국내 상장, 비상장 패션 기업 26개 사 2020년 재무제표를 조사한 결과 이들의 평균적인 재고자산회전율은 426%였으며 이것을 재고 소진 일수로 환산해 보면 평균 85일로 확인되었다.

하지만 우리가 본 사례 기업들 중 '현대자동차'는 재고자산회전율이 918%로서 재고 소진 일수가 40일이어서 매년 2개의 시즌을 토대로 사업이 빠르게 진행되어 가는 패션 업계보다 빠른 재고 회전을 보여 주고 있다.

본인이 몸담고 있는 산업에 적합한 재고자산회전율과 재고 소진 일수를 찾고 목표로 삼아 자사의 수준을 맞추어 가는 것이 필요할 것이다.

매출채권회전율 이 지표는 매출채권*의 관리를 얼마나 효율적으로 하고 있는

---

* 판매 후에 아직 받지 못한 대금을 의미함.

지를 보는 지표로 생각하면 된다.

기업에 따라 어떤 곳은 매출채권을 빠르게 받아들이기도 하지만 어떤 곳은 제때에 받지 못하고 결국 떼이는 경우도 생긴다. 이 부분에 대한 효율성을 점검하는 것이기에 관리의 수준을 보여주는 지표라 볼 수 있다. 재고자산회전율을 다르게 적용하여 유용한 정보를 얻었듯이 이것도 같은 방식으로 매출채권 회수 기일을 계산할 수 있다.

매출채권 회수 기일 산식 = 365 / 매출채권회전율

사례 기업 전체의 2020년 매출채권 회수 기일을 살펴보자.

기업명	매출채권 회수 기일
하이브	51
JYP	49
SM	86
우아한형제들	4
무신사	36
현대자동차	12
폭스바겐	27
도요타	132
아이아이컴바인드	17
LF	23
네이버	68
카카오	22
SSG닷컴	29
마켓컬리	0

0일부터 132일까지 참으로 다양한 결과를 보여 준다. 매출채권 회수 기일은 전체를 아우르는 평균적인 의미일 뿐 특정한 건에 따라서는 매우 다를 수 있다. 이 지표 또한 마찬가지로 본인이 몸담고 있는 기업의 기준이나 같은 업계의 타사 수준을 파악하여 적합한 목표를 찾고 거기에 맞추어 가길 권한다.

이로써 우리는 재무제표의 기본 개념을 이해했고, 실제 재무제표를 읽고 해석하는 과정을 함께 했다. 여기까지 포기하지 않고 읽은 여러분에게 큰 응원의 박수를 보내 드린다.

이제 여러분은 기업을 볼 때, 단지 기사로 접하는 것에 더해 그들이 작성해서 발표하는 사업 실적과 재산 상태를 보면서 안전성 여부, 수익성과 성장성, 그리고 효율성까지 판단할 수 있는 하나의 무기를 더 가졌다.

다음 파트에서는 잠시 미뤄 두었던 중요 보고서인 〈현금흐름표〉를 비롯해 비즈니스 현장에서 뛰고 있는 리더들이 실전에서 바로 사용 가능한 재무 관련 지식을 정리하겠다.

거의 다 왔으니 멈추지 말고 힘을 내서 조금만 더 달려가 보도록 하자.

3 현금흐름표 핵심 개념 이해하기

앞에서 사용했던 현금흐름표에 대한 설명을 그대로 다시 가져와 보면 아래와 같다.

"특정 기간 동안 현금의 흐름을 보여 줌. 현금이 어디에서 얼마나 들어와서 어디로 얼마나 나갔는지 보여 주는 보고서이기에 지금의 현금이 남아 있을 때까지 들어오고 나간 흐름을 보여 준다."

말 그대로 현금의 흐름을 정리해서 보여 주는 보고서이다. 그런데 만일 누가 아주 쉽게 보여주기 위해 ① 들어온 현금 ② 나간 현금 이렇게 두 개만 표시한다면 어떨까? 아마도 여러분은 이런 보고서를 도대체 왜 만들었냐고 생각할 것이다. 쉽게 이해시키는 것도 중요하지만 정보의 가치는 무의미한 단순함에서는 얻을 수 없다.

모든 정보의 가치는 실무에서 활용할 수 있도록 의도를 가지고 잘 디자인해서 구조화 시킬 때 비로소 생기는 것이다. 현금흐름표도 그런 의미에서 구조화가 되어 있다. 아래의 그림을 참조해 보자.

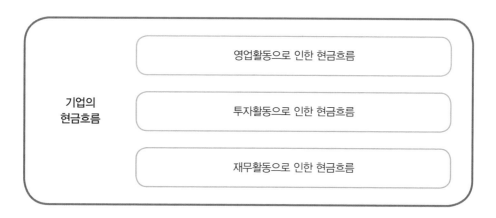

기업의 현금흐름은 기업이 하는 활동별로 구분하여 정리하고 보고하도록 구조화되어 있다. 이때 3가지 활동은 〈영업활동〉, 〈투자활동〉, 〈재무활동〉이다.

영업활동으로 인한 현금흐름 : 기업의 본업에 해당하는 제품, 상품, 서비스 등을 만들고 유통하고 판매하는 모든 활동을 일컬어 영업활동이라 하며 이 부문에서 들어가고 나오는 현금흐름을 영업활동으로 인한 현금흐름이라고 한다.

투자활동으로 인한 현금흐름 : 영업활동을 하는 데 있어서 필요한 자산(유형, 무형 등)을 구입하거나 판매하는 것, 여유 자금을 활용할 목적으로 투자하는 금융 상품, 투자 목적으로 취득하는 다른 기업의 주식 등이 이런 활동에 해당한다. 이 활동 안에서 오가는 현금을 투자활동으로 인한 현금흐름이라고 한다.

재무활동으로 인한 현금흐름 : 영업활동을 위한 자금이 부족해서 차입하거나 반대로 상환하는 경우, 차입 대신 자본을 모집하는 경우 등이 해당된다. 이런 활동에서 오가는 현금의 흐름을 재무활동으로 인한 현금흐름이라고 한다.

현금흐름표의 실제 양식을 보면 아래와 같이 생겼다.

연결 현금흐름표

제53기 2020.01.01부터 2020.12.31까지

제52기 2019.01.01부터 2019.12.31까지

제51기 2018.01.01부터 2018.12.31까지

(단위 : 백만 원)

	제53기	제52기	제51기
영업활동으로 인한 현금흐름	(409,807)	419,784	3,764,265
영업으로부터 창출된 현금흐름	1,741,167	2,687,314	6,088,686
연결당기순이익	1,924,553	3,185,646	1,645,019
조정	16,808,385	15,145,995	14,036,476
영업활동으로 인한 자산·부채의 변동	(16,991,771)	(15,644,327)	(9,592,809)
이자의 수취	519,995	672,283	696,134
이자의 지급	(2,008,084)	(2,073,310)	(1,950,392)
배당금의 수취	234,432	204,455	206,323
법인세의 지급	(897,317)	(1,070,958)	(1,276,486)
투자활동으로 인한 현금흐름	(9,337,596)	(5,929,184)	(2,415,064)
단기금융상품의 순증감	566,427	(5,610)	(232,528)
기타금융자산(유동)의 순증감	(2,348,252)	495,541	2,596,564
기타금융자산(비유동)의 감소	27,070	7,189	141,979
기타채권의 감소	37,388	51,417	79,241
장기금융상품의 감소	42,935	2,861	47
유형자산의 처분	133,981	85,901	105,116
무형자산의 처분	3,823	2,605	4,714
종속기업의 처분	76,133		
공동기업 및 관계기업투자의 처분	4,991	1,404	
종속기업의 취득	(50,313)	13,004	5,271
기타금융자산(비유동)의 증가	(148,896)	(679,741)	(125,123)
기타채권의 증가	(25,077)	(49,631)	(56,755)
장기금융상품의 증가	(11,894)	(18,759)	(16,691)
유형자산의 취득	(4,687,842)	(3,586,716)	(3,226,486)

무형자산의 취득	(1,701,608)	(1,716,680)	(1,632,711)
공동기업 및 관계기업투자의 취득	(1,359,278)	(588,541)	(61,772)
기타 투자활동으로 인한 현금유출입액	102,816	56,572	4,070
재무활동으로 인한 현금흐름	11,352,473	4,874,926	(880,782)
단기차입금의 순증감	301,587	1,418,012	2,167,765
장기차입금 및 사채의 차입	35,536,741	25,557,933	18,561,982
종속기업의 증자	5,080	4,806	10
장기차입금 및 사채의 상환	(23,059,360)	(20,433,457)	(20,228,806)
리스부채의 상환	(201,571)	(159,604)	
자기주식의 취득	(303,077)	(458,031)	(454,734)
배당금의 지급	(893,769)	(1,121,820)	(1,127,452)
신종자본증권의 발행		150,323	299,240
기타 재무활동으로 인한 현금유출입액	(33,158)	(83,236)	(98,787)
매각예정처분자산집단 대체	(27,784)		(97,050)
현금및현금성자산의 환율변동효과	(397,121)	202,820	(79,273)
현금및현금성자산의 증가(감소)	1,180,165	(431,654)	292,096
기초의 현금및현금성자산	8,681,971	9,113,625	8,821,529
기말의 현금및현금성자산	9,862,136	8,681,971	9,113,625

실제 예는 '현대자동차'의 현금흐름표로서 설명한 것처럼 3가지의 활동으로 구분하여 현금흐름을 보여주는 것이 확인된다.

현금과 관련하여 기업 내에서 적지 않은 분들이 경험했을 것 같은 현상이 "왜 이익을 냈는데 현금이 부족하지?"와 같은 것이다. 반대의 현상도 나타난다. "왜 손실을 크게 봤는데 돈이 부족하지 않지?" 왜 그런 현상이 나타날까? 그것은 기업의 손익과 현금의 흐름은 반드시 일치하지는 않기 때문이다.

조금 더 구체적으로 이해하기 위해 손익계산서와 현금흐름이 달라지게 만드는 사례들을 열거해 보면 다음과 같다. 이해를 쉽게 하기 위해 편의상 12월과 1월에 이 일들이 발생한다고 하자.

- 물건을 12월에 사고 대금은 다음해 1월에 줌. (비용은 12월/ 현금 지출은 1월)

- 상품을 12월에 팔고 대금은 1월에 받음. (매출은 12월/ 현금 수입은 1월)

- 법인세를 장부에 기록은 12월에 하고 납부는 다음해에 함.

  (비용은 12월/ 현금 지출은 다음 해에)

- 12월 말일 자로 퇴직하는 직원의 급여와 퇴직금을 1월 10일에 지급함.

  (비용은 12월/ 현금 지출은 1월)

- 전체 직원 인센티브를 1월 10일에 지급하기로 함.

  (상여금 비용은 12월/ 현금 지출은 1월)

- 내년 생산량을 증설하기 위해 신형 기계 장비를 12월1일에 구입했는데 대금은 1월에 지급하기로 함. (기계 장비 1개월분 감가상각비는 12월/ 현금 지출은 1월)

- 계약을 수주하고 계약금 30%를 받았음. 물건은 3월에 납품할 예정이며 잔금 70%는 납품과 동시에 받기로 계약함. (현금 30%는 12월에 수입/ 매출은 다음 해 3월)

이렇듯 기업의 영업활동을 기록하는 손익계산서와 현금흐름 사이에는 차이가 발생하기 마련이고 이런 경우들이 쌓이다 보면 그 차이가 상당히 커지기도 한다.

이런 이유로 손익계산서나 재무상태표와 더불어 현금흐름표도 볼 필요가 생긴다. 손익 상황과 현금흐름 사이에 나타나는 차이가 어느 정도인지 확인은 오직 둘을 비교할 때만 가능하기 때문이다. 혹시라도 기업에서 손익계산서를 가공해서 더 좋게 보이고자 꾸민다고 해도 현금흐름표는 그렇게 하지 못하기에 둘을 비교해서 보는 것이 유용하다.

사례로 제시한 '현대자동차'의 현금흐름표 중 이 부분이 바로 당기순이익과 현금흐름의 차이를 설명하는 부분이다.

	제53기	제52기	제51기
영업으로부터 창출된 현금흐름	① 1,741,167	2,687,314	6,088,686
연결당기순이익	② 1,924,553	3,185,646	1,645,019
조정	③ 16,808,385	15,145,995	14,036,476
영업활동으로 인한 자산·부채의 변동	④ (16,991,771)	(15,644,327)	(9,592,809)

이 표를 쉽게 설명하자면 이렇다.

영업으로부터 창출된 현금흐름액인 ① 1,741,167백만 원은

연결손익계산서에 있는 연결당기순이익 금액인 ② 1,924,553백만 원에서

현금이 나가거나 들어오지 않은 손익계산서 항목의 금액 ③ 16,808,385백만 원을 조정하고

영업활동으로 잔액이 변동한 재무상태표 항목의 금액 ④ (16,991,771)백만 원을 빼서 얻는다.

산출 방법을 정리하면 다음과 같다.

영업활동에 의한 현금흐름 = 당기순이익 +/− 조정 +/− 자산과 부채의 변동 (기말잔액 − 기초잔액)

결론적으로 '현대자동차'의 현금흐름표를 가장 단순하게 설명하면 이렇다.

	단위:억 원	
	현대차	
	2020년	2019년
당기순이익	19,245	31,656
영업활동 현금흐름	-4,098	4,198
투자활동 현금흐름	-93,376	-59,292
재무활동 현금흐름	113,525	48,749

'현대자동차'는 2019년에 3조1,656억, 2020년에 1조9,245억의 당기순이익을 벌었지만 실제 영업활동에서 나온 현금은 2019년에 +4,198억, 2020년에 -4,098억이었다. 손익계산서상 벌어들인 이익과 다르게 실제 현금 수입은 매우 적었다. 영업을 통해 얻어진 현금이 작았지만 투자 목적의 현금 투입은 계속 해왔다. (2019년 5.9조, 2020년 9.3조)

그렇다면 사업을 해서 벌어들인 현금이 작을 때 투자를 위한 현금은 어디서 충당이 됐을까? 결국 빌리거나 주식 발행을 통해 현금을 가져오는 수밖에 없다. 그것을 재무활동이라고 부르는데 '현대자동차'의 재무활동으로 인한 현금 수입이 2019년 4.8조, 2020년 11.3조로 필요한 투자금을 그렇게 충당했던 것이다.

현금흐름표를 보면 이런 상황을 알게 되는 것이다.

가장 좋은 구조는 많이 벌어서 그 돈으로 성장을 위한 투자를 하고, 영업으로 벌어들인 현금이 부족할 경우 그 부족한 부분을 재무활동으로 조달하는 흐름이라고 생각한다. 그런 면에서 '현대자동차'의 현금흐름은 약간의 아쉬움이 남는 구조이다.

이 책에서는 우선적으로 재무상태표와 손익계산서를 이해하고 활용하는 것을 목표로 하기에 현금흐름표에 대한 설명은 핵심 개념을 이해하는 이 정도에서 마무리하기로 한다.

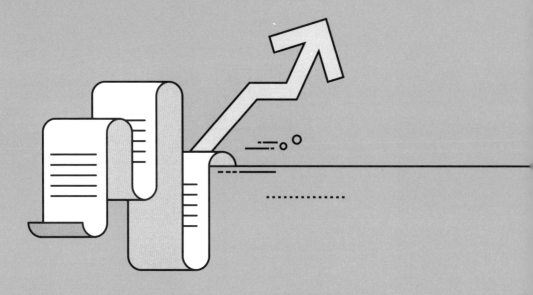

제5장

이야기로 풀어 보는 재무 각론

사장인 당신에게
재무가 건네는 말

　나도 아내도 아기를 키우는 것은 처음해 보는 일이었다. 30년 전 우리는 준비가 충분히 된 그런 부모는 아니었지만 우리에게 선물로 찾아온 아기에게 최선을 다하는 부모였다.

　아이가 태어나고 세상과 최초의 적응 과정을 지나 집에 왔을 때부터 며칠 지나지 않아 아내는 아이의 행동, 표정, 옹알거림, 울음 등의 알 수 없는 그 단서들만으로 아이가 무슨 의사 표시를 하는지 거의 전부를 알아챘다.

　"당신 병원에서 근무할 때 아기들을 자주 봤어요? 애가 무슨 말을 하려는지 어떻게 그렇게 잘 알죠? 신기하네요."

　세상에 나온 아이를 만난 지 한 달도 채 되지 않은 때부터 아내에게 신기한 능력이 있음을 알게 되었다. 그것은 비단 아내만이 아니라 모든 엄마들의 능력이다. 아기는 도무지 알 수 없는 행동으로 의사 표시를 한다. 그럼에도 엄마들은 그 속에 담긴 의미를 안다.

당신이 창업을 했다고 가정해 보자. 이제 갓 태어난 기업이 위태로운 시간들을 지나 걸음마를 배우고 사회화가 되는 시기로 성장해 갈 것이다. 기업도 돌봄이 필요하다. 마치 갓 태어난 아기를 돌보는 것처럼 충분히 성장하기 전까지 꽤 오랜 시간동안 아낌없는 돌봄이 필요하다. 장성하면 반대로 기업이 사람을 돌보는 수준에 이르겠지만, 초기에는 정성스러운 돌봄이 절대적으로 필요하다. 그렇기에 기업을 시작한다는 것은 아이를 키우는 것과 별반 다르지 않다. 나도 경험을 해 보았지만, 가게를 하나 시작한다는 작은 일에서도 이 원리는 동일했다.

사업을 할 때 선배들이 들려준 지침을 잊을 수가 없다.

"매장은 아기다. 네가 먹이고 키우지 않으면 살 수 없는 아기라고 생각해야 한다. 한 순간도 방심하지 말고 아기를 돌보듯이 그렇게 돌봐야 한다. 눈을 떼면 안 된다는 것을 잊지 마."

그렇듯 사업이라는 것이 양육의 과정과 비슷하다. 아이가 자신만의 언어를 사용해서 의사 전달을 한다면 기업은 회계라는 언어를 통해서 의사를 전달한다.

"아~ 배부르다, 너무 배고파, 자고 싶어, 몸에 열이 나서 힘들어."

이런 의미를 전달하기 위해 아이가 울거나 떼를 쓰거나 옹알거리듯이 기업도 똑같이 그와 같은 표현을 한다. 다만, 기업의 경우 그때 사용하는 언어가 회계라는 것이다. 회계는 기업이라는 아이가 부모인 당신에게 끊임없이 전해주는 옹알이와 다름이 없다.

사장인 당신은 어느 수준의 부모일까? 밤새 아이는 배고프다고 자주 깨며 보채고 우는데 알아듣지 못하고 내 할 일만 하는 초보 부모인가? 아니면 표정만 보아도 척척 알아채는 능숙한 부모인가?

올해 초 중소 벤처 기업부에서 발표한 '2020년 창업 기업 동향'에 따르면 지난

해인 2020년 신규 창업 기업 수가 역대 최대치를 경신했다고 한다. 이 자료에 따르면 지난해 신규 창업 기업은 148만 4,667곳으로, 전년보다 15.5%나 증가했다. 그러나 신규 창업이 역대 최고치를 기록한 반면, 창업 기업의 생존율은 점점 떨어지고 있다. 대한 상공회의소의 조사에 따르면 국내 창업 기업의 5년차 생존율은 29.2%로, 창업 후 5년 이내에 3분의 2 이상의 기업이 문을 닫는 것으로 집계되었다.

우리나라 창업 기업의 5년 동안의 생존율은 OECD 국가의 평균 생존율인 40.7%보다 11.5%나 낮은 수준으로 우리의 기업 환경이 그만큼 어렵다는 것을 알 수 있다. 이런 수치로 확인을 할 필요조차 없이 주변의 신생 기업들을 보면 그들의 상황이 얼마나 어려운지 쉽게 알게 된다.

그렇기에 우리는 부모로서 그 역할을 더욱 충실히 해야 한다. 그리고 그 모습 중 하나는 기업이 보내는 신호인 숫자를 이해하는 것이어야 한다. 아기가 소리와 행동이라는 매체를 사용한다면 기업은 회계(재무)라는 도구를 사용하기 때문이다.

밥(현금)이 부족한지, 그래서 배가 고픈지, 어디가 아픈지, 기업은 숫자로 말한다.

사장인 당신이 기업이 말하는 숫자에 관심이 없다면 기업이라는 아이는 부모인 당신으로부터 균형 잡힌 돌봄을 받기가 매우 어려워진다.

이제 당신은 재무제표를 비롯한 기업이 보내는 숫자로 구성된 정보를 당신에게 전하는 기업의 언어로 생각해야 한다. 그리고 당신이 아직 준비가 충분치 않아서 알아듣기가 어렵다면 이해하기 위한 최소한의 학습과 훈련을 기울여야 한다. 그것이 기업이라는 아이를 돌보는 이의 마땅한 행동이다.

강의를 마치고 질문 시간이 되자 한 분이 손을 들고 질문을 했다.

"강사님께서 말씀해 주신 재무제표 읽는 법은 너무 잘 들었습니다. 제가 하고 있는 회사는 아주 작은 소규모 기업이라서 그다지 복잡할 일이 없는 것 같습니다. 저와 같은 사람이 회사에서 꼭 챙겨야 할 가장 중요한 한 가지를 알려주신다면 무엇인지 궁금합니다."

그때 난 직관적으로 현금이라고 대답했다. 물론 대강의 이유를 설명하면서.

그리고 그 후로도 때때로 그 생각을 하곤 했다. 기업 안에 있는 다양한 자산의 종류가 있는데 왜 딱 꼬집어 현금일까?

기업의 존재 목적은 단지 살아남는 것은 아닐 것이다. 살아남는다는 것은 필요조건이지 충분조건은 아니다. 그래서 현금이다. 필요조건이 있은 다음에 충분조건이 필요하다.

사람이 살아가는 데 있어서 가장 중요한 것은 무엇일까? 생존을 위한 필수품인 먹을 것이다. 밥을 위해 사는 것은 결코 아니지만 밥이 없이는 살 수 없는 것 또한 변할 수 없는 사실이다.

기업에게 있어서 밥과 같은 것, 충분조건은 아니지만 절대적인 필요조건이 바로 현금이다.

현금이 갖는 힘은 무엇일까?

첫째, 현금은 가치의 기준점이다. 다른 모든 자산은 시기와 상황에 따라서 가치가 달라진다. 하지만 현금은 그 자체로서 기준점이 되는 가치이다. 예를 들어 재고자산은 지금의 가치와 1년 뒤의 가치가 달라진다. 매출채권도 지금의 가치가 시간이 지나면서 그대로 유지되지 않는 것이 일반적이다. 유형자산도 마찬가지이다. 오직 현금과 현금성자산*만이 가치의 변동이 없이 유지되는 자산이다. (물론 물가의 변화에 따른 가치 변화가 있을 수 있지만 그것은 가정에서 제외하도록 하자.)

둘째, 현금은 즉시 사용이 가능하다. 다른 자산 중에 즉시 사용이 가능한 것은 없다. 교환을 위해서는 일단 현금으로 전환시키는 과정인 현금화를 거쳐야 사용이 가능해진다. 하지만, 현금은 즉시 사용이 가능하다. 어느 상황에서도 용도에 관계없이 즉시 사용이 가능하다는 점에서 엄청난 파워를 갖는 자산이 현금이다.

셋째, 현금만이 누리는 보편성(범용성)은 절대적인 강점이다. 다른 모든 자산의 경우 누구에게는 필요하지만 또 다른 누군가에게는 필요하지 않은 경우가 비일비재하다. 하지만 현금은 누구에게나 환영을 받는다. 돈은 없어서 문제이지 돈이 싫다는 사람은 없다.

---

* 현금으로 짧은 시간 내에 전환이 가능한 현금과 유사한 자산

이 세 가지의 비교 우위가 주는 이점이 크기 때문에 현재의 금융 제도 하에서 현금은 어디서나 우대를 받는다. 우리도 지금 이 순간 어디선가 현금을 벌기 위해 고군분투하고 있지 않을까?

그렇다면 사장이 가장 우선적이고 중요하게 챙겨야 할 것이 무엇일까?

난 지금도 주저 없이 현금이라고 말할 것이다. 하지만 대부분의 기업에서 현금이 풍족한 때라는 것이 존재하기는 할까?라는 의문이 든다.

모든 기업들이 매년 올해는 위기라고 하고, 올해는 현금이 부족해서 허리띠를 졸라매야 한다는 말을 반복한다.

가장 중요한 것이 현금이라면 현금을 가장 중심에 둔 경영을 이해하고 익히고 실천해 가는 것 또한 중요한 일이다.

③ 현금 중심 경영이란 무엇인가?

　회계를 비즈니스의 언어라 칭할 수 있다면 현금은 기업의 피라고 부를 수 있다. 우리의 몸이 피를 많이 흘리는 과다 출혈의 상태가 되면 생명을 잃게 되듯이 기업도 현금의 유출이 과다하면 최악의 경우 도산에 이르게 된다. 기업의 도산/부도는 주어야 할 돈을 못 주는 상태이고 그것은 바로 현금이 부족해서 나타나는 결과이다. 이런 면에서 현금 중심 경영은 굳이 강조할 필요가 없을 정도로 중요하다. 직관적으로 보아도 세상에는 돈을 싫어하는 사람이 없고 돈을 중요시하지 않는 사람도 없다는 사실만으로도 현금의 중요성은 인간의 삶에서 절대적이다.

　현금 중심 경영? 알듯 말듯 하면서도 명쾌하게 정의하기 어려운 용어이다. 현금 중심 경영은 단순히 현금의 보유량을 늘리는 것을 의미하지는 않는다.

　현금 중심 경영은 손익계산서 상에 나타나는 수익성 중심의 방향에서 현금흐름 중심의 방향으로 초점을 이동시키는 것이다. 이와 관계된 사례는 무수히 많다.

사례 창고에 쓰다 남은 원재료가 엄청 많다. 작년 말자로 장부에 기록된 금액이 10억이나 된다. 그런데 올해 말에 또 가치 평가를 해서 장부 금액을 낮추며 낮아지는 만큼 비용으로 처리해야 한다. 회계 담당의 말로는 3억의 비용이 예상된다고 한다. (내년에도 평가에 따른 비용이 2억 정도 발생할 것이다.) 때마침 원재료 모두를 사겠다는 업체가 있다. 전체를 4억 원에 사겠다고 한다. 만일 팔면 장부상 10억이 달려 있기에 올해 판매에 따른 손해(비용)가 6억이나 발생한다. 이 원재료 때문에 들어가는 창고료와 관리비가 1년에 8천만 원이 들고 이번 기회가 아니라면 원재료를 이렇게 일괄적으로 이 가격에 매각할 수 있을지는 미지수인 점 등을 고려하여 어떻게 해야 할지 선택을 해야 한다.

이런 경우 여러분이라면 어떻게 할 것인가? 판단의 편리를 위해 아래에 표로 미치는 영향을 표로 일목요연하게 정리해 보았다.

	(1안) 보유할 경우		(2안) 매각할 경우	
올해	(비용) 평가로 인한 손해 (현금) 수입	3억 0억	(비용) 판매로 인한 손해 (현금) 수입	6억 4억
내년	(비용) 평가로 인한 손해 (현금) 보관&관리비	2억 0.8억		
합계	비용 현금	5.8억 0억	비용 현금	6억 4억

올해만 보면 보유의 경우가 영업이익이 3억이 높아지고 내년까지 기간을 확대

해서 보아도 총비용이 보유할 경우가 2천만 원이 더 낮다. 반대로 매각을 하면 올해 당장 3억이라는 큰 금액의 비용이 더 나타난다. 만일 이 기업의 올해 법인세전 이익이 2억5천만 원이라고 가정한다면 원재료 매각이라는 결정 하나로 이익이 손실로 바뀔 수도 있다.

현금 중심 경영이란, 모든 경우에 있어서 어떤 것보다 현금이 더 많이 확보되는 결정을 한다는 것이다.

위의 사례에서 1안과 2안이 갖는 현금 중심 경영 관점의 결과를 보자.

	(1안) 보유할 경우	(2안) 매각할 경우
결과	상대적으로 비용이 작게 잡혀서 이익이 커지니 올해 실적에 대한 평가가 더 좋아진다. 하지만, 새로운 기회에 투자할 자금은 확보가 안된다.	현금 4억이 확보되어 가능성을 보이는 새로운 기회에 투자가 가능해졌다. 하지만 올해 손실이 3억이 더 커져 이사회로부터 추궁을 당한다.

경험상 대부분의 경영자와 책임자들은 1안을 선택한다. 왜냐하면 주주가 실적이 나빠지는 것을 원하지 않고 심한 경우엔 그로 인하여 자리가 위태로워지는 위험까지 감수해야 하기 때문이다. 자기 목을 걸고 현금 중심 경영을 하기는 사실 그리 쉽지 않다.

이런 이유로 무엇이 장기적으로 더 유리한지 알면서도 현금 중심 경영을 하지 못하는 것이다.

그렇기에 당신이 오너라면, 최고 경영자라면, CFO라면 꼭 현금 중심 경영을 마음 가운데 두고서 생각하고 분석해 보고 실천하기를 권하고 싶다.

결국 현금 중심 경영은 단기적인 이익 중심에서 시야를 더 넓혀서 기업에 중장기적으로 더 유리한 방안을 찾기 위한 시도와 맥을 같이 한다.

4 현금은 어떻게 모으고 어디에 쓰나?

필자가 이끌었던 턴어라운드(회생 경영) 프로젝트 가운데 있었던 일이다.

그 기업 내의 사업부가 3개가 있었는데 하나는 수익이 제법 나는 사업부, 하나는 손실을 보지만 전략적으로 육성해야 할 사업으로 구조 조정을 1차 완료한 사업부, 나머지 하나는 전략적으로 육성하기로 했지만 특별한 대안이 없이 너무나 큰 손실을 내고 있는 사업부. 이렇게 3가지 사업부를 가지고 있는 기업이었다.

결론적으로 가장 큰 손실을 내는 사업부를 다음과 같은 이유로 없애기로 결정을 했다.

- 회사 규모에 비해 그 사업부에서 내는 손실이 너무 컸다.
- 내부에 뚜렷하게 상황을 반전시킬 수 있는 사람도 전략도 부재했다.
- 비용 축소로 적자가 약간 줄 수는 있지만 여전히 큰 규모이다.

- 돈을 버는 사업부의 수익이 모두 이 사업부 적자를 메꾸는 데 들어가고도 매년 추가적인 차입을 해야만 살 수 있는 수익 구조였다.

다만, 문제는 사업을 철수하기 위한 자금을 회사가 가지고 있지 못하다는 것이었고 정리를 위한 자금이 꽤 큰 규모라는 것이었다.

그래서 내가 쓴 방법은 팔 수 있는 자산을 모두 찾아내서 매각하는 것이었고 그러고도 부족한 돈은 차입을 했다.

매각을 한 자산은 아래와 같았다.

- 공장을 매각하려 했지만 구매자가 없어서 경매를 통해 처분했다.
- 기계 장비는 중고 가격으로 용도별로 나누어서 매각을 했다.
- 남은 재고 상품 중 너무 오래된 장기 재고의 경우엔 재고를 전문으로 매입하는 업체에게 팔았고 오래되지 않은 재고는 라벨을 전부 떼고 다른 브랜드를 달아서 아울렛에서 대폭 할인하여 판매했다. 이런 방법으로 재고 업체에 넘기는 가격보다 5배 더 현금을 확보했다.
- 정부에 구호 자금을 요청해서 다른 사업부를 안전하게 지키기 위해 자금을 대여해 줄 것을 요구하여 약간의 자금을 구했다.
- 노조에게 기업의 상황을 낱낱이 알려 주고 협의하여 이전 구조 조정 시에 지급했던 보상금보다 30% 낮은 보상금을 지급하기로 합의했다.

- 직원들의 급여 동결, 임원 급여 중 일부 지연 지급, 결원이 생겨도 추가 채용을 안 하기로 합의하는 등 다양한 비용 절감안을 동원했다.

잃은 것	얻은 것
현금 10억이 구조 조정 자금으로 나감	연간 고정비(손실) 15억의 부담을 제거함
건물과 기계 장비 등 고정자산 (약 3억 상당)	그로 인해 기업 전체적으로 흑자로 전환됨
추가적인 빚이 늘어남 (5억)	다른 모든 직원들의 고용 안정성의 유지

돈은 어떻게 모을까?

- 방향과 목표를 정하고 우선 순위를 매기고 난 후, 우선 순위가 낮은 순으로 과감히 없애고 줄이고 매각하는 등의 방법을 통해 모은다.
- 회사가 가지고 있는 아까운 것이라도 사업에 꼭 필요치 않다면 팔아서 모은다.
- 회사 내에 존재하는 비효율적인 부분을 모두 찾아내어 개선시켜서 모은다. (재고에 대한 정리, 매출채권을 악착같이 받아내는 노력 등)
- 소유한 고정자산을 현금화해서 모은다. (금융 기관에 팔아서 대금을 일시에 받고 같은 금융 기관에서 빌려서 사용하는 방식 고려)
- 돈이 나가는 통로를 좁혀서 모은다. 새로운 기회에 대한 투자는 가지고 있는 사용 가능한 현금의 50% 미만으로 컨트롤하고 나머지는 모두 접거나 보류한다.
- 과한 고정비 부담의 뿌리를 과감하게 없애서 이후 서서히 돈이 규칙적이고 정기적으로 쌓여가게 만들어 모은다.

- 자금 회수의 가능성과 일정이 신뢰할 만할 때에 한하여 자금을 차입하여 투자를 진행한다. (이것을 회수 가능성이라고 부른다.)

돈을 모은다는 의미를 단순히 비용을 절감하는 방법, 예를 들면 인원 삭감이나 비용을 극단적으로 줄이기 등으로만 인식할 필요는 없다. 한 마디로 돈은 기본적으로 모든 면에서 악착같이 모으되 큰돈이 들어오는 곳을 찾거나 나가는 루트를 막는 것이 중요하다.

이렇게 모은 돈을 어디에 쓸까?

1) 수익 구조를 바꾸기 위해 쓴다.

원리는 개인의 예와 같다. 큰 집에 살며 은행 빚을 많이 빌려서 쓰고 있다고 가정해 보자. 수익 구조를 바꾼다는 의미는 그 큰 집을 팔아서 은행 빚을 낮추어 매월 나가는 이자가 안 나가게 정리하는 것과 같다. 현금이 들어오고 나가는 것을 비교해서 분석하여 더 들어오고 덜 나가게 구조를 바꾸는 작업에 돈을 쓰는 것이다.

2) 방향과 전략에 맞추어 투자하기 위해 쓴다.

지금 하고 있는 사업을 하던 대로만 잘해서는 미래가 불투명할 수 있다. 새로운 도전, 시도를 하면서 기존의 것을 확장하고 신사업을 만들어 가는 노력이 매우 중요하다. 하지만, 이 때 돈이 들기 마련이다. 필요 인재를 채용하고, 연구 개발을 하고, 시장 분석도 하고, 테스트 상품도 만들고, 유통을 통해 고객 반응도 점검하고, 알리기도 하는 등등의 모든 것에 돈이 들어간다.

무엇이든 투자를 위한 준비를 한다면 예상 대비해서 150%의 자금을 준비하는 것이 그 일을 성공시키는 방법 중 하나이다. 하다 보면 돈은 더 들기 마련이라서 자금 부족으로 인하여 중단되거나 지연되는 일이 없도록 처음부터 여유 자금을 확보해 둔다면 도움이 될 것이다.

기업은 통상적으로 돈을 이렇게 2가지 목적을 위해 사용한다.

이 글을 통해서 과거와 현재의 모습을 돌아볼 수 있다면 좋겠다.

- 회사는 지금 어떻게 돈을 모으고 있는지?
- 더 모을 수 있는 방법은 없는지?
- 중장기 방향에 따른 전략적 우선 순위는 있는지?
- 어디에 돈을 사용하고 있는지?
- 돈의 사용을 조정할 필요는 없는지?

이런 질문들을 스스로 또는 함께 던지고 생각해 보는 계기가 되기를 바란다.

5 자산에도 신선도가 있다

기업이 소유한 여러 가지 다양한 자산 항목들은 시간이 지남에 따라 가치가 변하는 것이 있고 그렇지 않은 것이 있다. 물론 모든 자산은 인플레이션이나 디플레이션으로 인해 화폐 가치가 달라지면 그에 따라 실질 가치가 달라질 수밖에 없지만.

시간이 지남에 따라 가격이 오르는 자산을 우리는 투자 목적의 자산으로 볼 수 있다. 골동품이나 그림을 비롯하여 시간이 갈수록 희소성이 높아지는 자산이 이에 해당한다. 반면 대부분의 자산은 시간이 지남에 따라 가치가 하락한다. 왜 자산의 가치는 하락하는 것일까? 자산에도 신선도가 존재하기 때문이다. 자산이 무슨 생선이나 육류, 혹은 채소도 아닌데 무슨 '신선도'로 설명을 할까 의아할 수도 있지만 엄연히 자산에도 신선도는 존재한다.

자산이 시간이 지남에 따라 가치가 하락한다는 사실은 기업에서 일해 본 사람이라면 모두 동의할 것이라 생각한다. 하지만 여러 자산 중에서 시간의 흐름에 크게 영향을 받는 자산과 덜 영향을 받는 자산이 있다. 이와 관련하여 우리는 가장 큰 영향을 받는 자산이 무엇인지 구분하고 그것에 대해 더 많은 주의를 기울이는 신선도 관리를 인지할 필요가 있다.

필자는 패션 기업 출신이기에 자주 패션 기업들의 사례를 인용하고는 한다. 모든 업종을 두루 관통하는 사례를 찾기는 쉬운 일이 아니기에 이해의 편의를 위하여 패션 기업들의 사례로 국한하여 인용하고 설명하도록 하겠다.

우리나라 패션 기업들의 경우, 시간이 지나면서 가장 크게 가치가 하락하는 자산에는 무엇이 있을까? 대표적으로 두 가지를 꼽을 수 있다. 하나는 재고자산이고 다른 하나는 매출채권이다. 물론 감가상각*을 공식적으로 적용하는 유/무형 고정자산이 대표적인 가치 하락 자산임은 의심의 여지가 없다. 하지만, 따지고 보면 고정자산은 기업 활동에 투입할 목적으로 구입할 때부터 감가상각이 진행될 것을 이미 알고 시작하는 자산이다. 때문에 고정자산의 감가상각은 당연하고 처음부터 가지고 있는 목적에 부합하는 것이다.

하지만, 재고자산은 처음부터 안 팔릴 것을 목적으로 하지 않으며, 매출채권 또한 못 받을 것을 목표로 하지 않는다. 이 둘은 기업의 일상적인 활동에 따라서 결과적으로 나타나는 것으로서 고정자산과 다르게 신선도를 다루는 관리 수준에 따라 크게 달라질 수 있다.

먼저 국내 26개의 상장, 비상장 기업들의 재고자산의 평균적인 규모를 2020년 재무제표를 통해 알아보면 매출액의 23.5% 정도의 규모를 보이고 있다. 이를 재

---

* 매년 일정한 약속에 따라 가격을 낮추고 낮춘 만큼 비용으로 처리

고회전율[*]로 계산해 보면 평균 426%, 다시 말해 4.26회전을 하고 있다고 볼 수 있다. 4회전의 재고회전율이란 1년 동안 재고 금액의 4.26배에 해당하는 매출을 올리고 있다는 의미이다.

패션 기업에 있어서 재고의 크기는 중요한 경영의 성적표로 인식되고 있다. 재고가 커지면 돈이 묶이고 자산의 가치는 급속히 떨어진다. 때문에 재고를 줄이거나 같은 재고로 더 많은 매출을 올리는 것이 패션 기업에게는 사활이 걸린 중요한 과업이다. 때문에 같은 재고로 더 많은 매출을 올리도록 재고회전율을 높이는 것을 목표로 하고 있다.

매출채권의 경우엔 26개 사 (매출채권/매출)의 평균율이 8%로서 대부분의 패션 기업들이 1개월치 정도의 매출액과 유사한 매출채권 잔액을 가지고 있는 것으로 나타난다.

그렇다면 세계적으로 유명한 패션 기업들의 경우는 어떨까? 다음에 영국의 '버버리' 그룹과 스페인의 '인디텍스'[**]를 살펴보자.

(2020년 기준)	버버리 그룹	인디텍스	한국 패션 기업 평균
재고회전율	6회전	9회전	4회전
매출채권/매출 비율	7%	2%	8%

---

[*] 재고의 효율성을 보는 지표로서 매출/재고로 계산

[**] 자라와 마시모두띠의 모기업

표에서 보듯이 세계적인 패션 그룹과 비교할 때 재고와 매출채권 모두 더 많다는 결과를 알 수 있다. 이것은 바로 자산의 신선도 관리 면에서 우리나라 기업들의 수준이 더 낮다는 것을 의미한다.

그렇다면 자산의 신선도는 어떻게 관리를 해야 할까?
이와 관련해서는 우리의 일상 속에서 당연한 듯이 하고 있는 모습 속에 충분한 힌트가 있기에 일상적인 행동을 상세히 파고 들어가 보도록 하자.
이제 우리는 일 주일치 장을 보러 나간다고 가정을 하겠다.

① 우선 무엇을 살 것인지 리스트를 작성할 것이다.
② 그리고 냉동 식품이나 냉장 식품을 신선하게 가져올 보관 용기와 장바구니를 챙겨서 나선다.
③ 신선도가 예민하지 않은 품목으로부터 예민한 순서로 장을 본다.
④ 냉동 식품이나 상온에서 보관하는 상품은 넉넉하게 살 수 있지만 신선도가 예민한 상품은 먹을 만큼만 구매한다. 즉, 신선도의 예민함에 따라 보관 방법이나 기간이 결정이 되고 그에 맞추어 구매하는 양도 조절한다.
⑤ 계산을 마치고 신선도 기준에 따라서 나누어서 담는다.
⑥ 집으로 가져와 신선도에 따라 구분해서 보관한다. 냉동실, 냉장실, 상온 보관으로 나누어 그에 맞게 보관한다.

대부분의 가정이 이런 패턴으로 장을 볼 것이다. 여기에 특별할 내용은 없다. 하지만, 이 속에 기업에서 관리해야 하는 신선도에 관한 원리들이 숨어 있다.

신선도는 어떻게 관리하는가? 목표로 하는 시간 안에 판매가 모두 될 만큼 만드는 것이 핵심이다.

신선도에 민감하다는 것은 싱싱할 때 다 팔아야 한다는 의미와 같다. 남으면 가치가 급격히 떨어진다. 그러니 가장 좋은 방법은 제 때에 다 파는 것이다. 남기지 않는 것이 최선의 신선도 관리이다. 논리적으로는 너무나 쉽다. 하지만, 이게 어디 쉬운 일일까? 이것을 잘할 수 있다면 돈을 버는 것은 식은 죽 먹기보다 쉬울 것이다. 말은 쉬우나 현실에서는 너무나 어려운 난제가 이것이다. 그래서 시즌 오프 세일이 있고 블랙프라이데이 세일이 있고 크리스마스 세일이 있고 아울렛이 존재한다. 재고로 남을 만큼 물건이 넘쳐나기 때문에 각종의 세일을 하는 것이며 고정적으로 재고를 판매하기 위해 아울렛도 생긴 것이다.

신선도 관리는 그렇게 어렵지만 그것을 잘 하는 것이 경쟁력의 핵심이기에 수많은 회사들이 이것을 잘 하려고 큰 투자를 하고 수많은 시도와 시험을 하고 있다. 기업들이 아래와 같은 활동을 전개하고 있다.

- 고객이 원하는 제품을 집요하게 관찰하고 고객의 취향을 맞추기 위해 투자한다.
- 고객이 원하는 제품이 파악되는 대로 빠르게 생산하고 공급할 수 있도록 공급망을 구축한다.
- 판매 추이를 보면서 판촉 활동을 강화할지 재생산을 할지 등을 결정한다.
- 가장 효율적인 입지를 찾는 작업을 지속적으로 한다.
- 한 고객이 최대한 많이 반복적으로 구매하도록 판촉을 한다.
- 그러기 위해 온라인과 오프라인을 통합하여 경험을 전달하는 옴니 채널을 추진한다.
- 소비자의 구매 경험에 대해 피드백 받아 개선을 위한 자료로 사용한다.

이런 모든 활동은 결과적으로 재고를 남기지 않고 물건을 제때에 다 팔기 위해 하는 것이다.

이게 너무 어렵기에 대기업들은 AI를 비롯한 첨단 기술을 도입해서 활용하고 그에 맞는 전문 인력을 채용해서 수준을 높여간다. 그만큼 돈도 들고 시간도 걸리고 어렵다. 그렇다면 작은 기업은 자산의 신선도를 관리할 수 없을까? 그렇지 않다. 작은 기업은 자기가 할 수 있는 방식으로 할 수 있다. 수기 작업으로도 할 수 있다. 기계처럼 대량으로 더 완벽하게 못할지라도 사람 손으로 하는 방식의 최대한을 사용하여 하고 있다.

구체적인 방법은 각자 자신에 맞는 방안을 찾아야 하지만, 이런 노력은 질문에서 시작하면 좋겠다.

- 어떻게 고객의 취향을 파악할 수 있을까?
- 어떻게 생산을 빨리할 수 있을까?
- 어떻게 만든 것을 남기지 않고 시즌 내에 다 팔 수 있을까?
- 이 과정에서 쌓인 경험과 지식을 어떻게 다음 시즌에 사용할 수 있을까?

재고에 대해 설명을 했지만 매출채권도 원리는 동일하다.

결국 자산의 신선도는 진심으로 정성으로 하는 것임을 잊지 않았으면 한다.

6 레버리지 효과의 명암을 생각하다

레버리지 효과Leverage Effect의 사전적 정의는 아래와 같다.

레버리지 효과란 차입금 등 타인 자본을 지렛대로 삼아 자기자본이익률을 높이는 것으로 '지렛대 효과'라고도 한다.

쉽게 말해 돈 벌 기회가 눈에 보이기에 최대한 많은 돈을 차입해서 영업에 투입하는 것을 말한다. 예를 들어 보면 이와 같은 사례들은 개인의 삶에도 아주 많다.

- 아파트 가격이 치솟을 거라고 확신한다면 최대한 많은 돈을 빌려서 아파트를 가급적 많이 사려고 할 것이다.
- 주식 가격이 상승할 것으로 예상한다면 최대한 자금을 끌어 모으고 빌려서 주식을 살 것이다.
- 지인이 하는 사업이 내년에 상장할 것으로 기대한다면 최대한의 자금(빌려서라도)으로 투자를 하고자 할 것이다.

이렇게 하는 이유는 단순하다. 빌리는 데 따르는 이자 비용보다 그 돈으로 버는 이익이 훨씬 크기 때문이다. 많은 기업들이 이런 방식으로 큰 돈을 벌 수 있었던 것도 사실이다.

하지만, 레버리지 효과가 기대했던 방향의 반대로 나타날 경우엔 재앙으로 돌아올 수도 있다.

- 차입금으로 기업을 인수했는데 인수한 기업이 큰 적자를 반복적으로 거두어 추가적으로 자금 지원을 해야 하는 경우
- 차입금으로 생산 시설을 증설했는데 추가 물량 수주를 못하는 경우
- 차입금으로 큰 사옥을 구입하여 절반은 자체적으로 사용하는데 나머지 절반이 공실이 되는 경우

이 밖에도 다양한 경우가 있을 것이다.

필자가 경험한 경우도 이와 같았다. 재직했던 기업들 중 한 곳은 차입금으로 제법 큰 규모의 기업 인수를 단행했는데 그 기업이 턴어라운드* 상황에 있던 기업이었다. 이전에도 경영상 위기에 빠진 기업을 인수하여 정상화를 시킨 후에 재매각을 했던 경험이 있기에 같은 전략을 구사했던 것이다. 하지만, 뜻대로 사업이 전개되지 못했고 턴어라운드 시기가 예상보다 두 배 이상 길어졌다. 그에 따라 추가적인 대규모의 자금 지원을 하게 되면서 손실 금액은 눈덩이처럼 불어나

---

* 넓은 의미의 기업 회생을 의미한다. 구조 조정(Structural Regulation)과 리스트럭처링(Restructuring), 리엔지니어링(Reengineering) 등이 포함된다.

기 시작했다. 인수 팀이 마련했던 사업계획서를 살펴보면 모든 가정과 예측들이 긍정적인 것이었는데 불과 1년이 지나서 다시 보니 아연실색을 할 만큼 향후 사업의 전망이 모호한 근거로 부풀려진 것이 확실히 드러났다.

이처럼 현실을 보면 레버리지 효과를 누리기 위해 시도한 전략이 마치 남의 돈으로 판돈을 크게 키운 도박처럼 잃었을 경우 과도한 충격으로 되돌아오는 경우가 있을 수 있다.

그렇기에 레버리지 효과는 철저히 관리가 되어야 한다.

레버리지를 관리하는 방법은 크게 보아 두 가지가 있다.

하나는 부채비율로 관리하는 방법이다. 한국 정부는 가이드라인으로 200% 부채비율을 제시하고 있기에 이것을 기준점으로 삼아서 관리를 하면 적절할 것 같다. 앞 장의 사례에서 소개한 기업들의 부채비율을 전체적으로 열거해 보면 아래와 같다.

기업명	부채비율 (%)
하이브	61
JYP	20
SM	73
우아한형제들	1,147
무신사	193
현대자동차	174
폭스바겐	286
도요타	156
아이아이컴바인드	34
LF	75

네이버	106
카카오	61
알파벳	44
SSG닷컴	39
마켓컬리	완전자본잠식
오카도	119

위 기업들을 보아도 대부분은 200% 미만의 부채비율을 가지고 있음이 확인된다. 예외적으로 대단히 높은 부채비율이나 자본 잠식으로 부채비율 산출이 어려운 경우는 모두 초고속 성장을 해가는 유니콘 기업들이다. '우아한형제들'은 세계 넘버원 배달업체인 독일 기업 '딜리버리히어로'가 주주로 뒤에 있기에 문제가 없어 보이고, '마켓컬리'는 2022년에 상장^{IPO}을 통하여 대규모의 자본을 끌어들여 문제를 근본적으로 해결하려고 준비 중이다.

이와 같이 부채비율이 일정한 수준을 넘어가지 않도록 관리하는 것이다.

두 번째 방법은 투자를 할 경우 그 투자로 거둘 수 있는 수익을 보는 것과 더불어 예상되는 현금흐름을 보는 것이다. 이것은 경영자의 평소 습관과도 관련이 있다. 신규 사업이나 기업 인수, 새로운 고객이나 신시장 개척 등의 경우에 손익계산서에 나타날 이익의 가능성만 보기 쉬운데 현금흐름 예상을 어느 정도 보수적으로 작성해서 확인하고 진행해야만 한다. 아무리 매력적인 투자의 기회라고 하더라도 현금흐름이 일시적으로 악화될 가능성이 보인다면 매우 신중히 진행해야 한다.

투자의 신이라 불리는 워렌 버핏도 레버리지 효과를 좋아하는 기업(부채비율이 높은 기업)에는 절대 투자하지 않는다고 한다. 하지만 현실 세계에서는 반대의 경우도 나타나기도 하는데 그 한 예가 얼마 전 세계를 강타했던 드라마 〈오징어게임〉을 제작한 '넷플릭스Netflix'였다.

아래의 '넷플릭스'의 부채비율의 변화 그래프를 보면 여러분은 어떤 생각을 할까? 만일 저 변화가 내가 있는 기업에서 벌어진다면 어떤 생각이 들까?

넷플릭스 사례

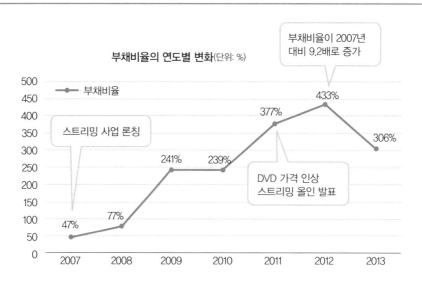

7년간(2007~2013년) '넷플릭스'의 부채비율의 변화만큼 드라마틱한 전개를 보면 소름이 돋을 수밖에 없다. 2012년도 부채비율은 6년 전에 비해 9.2배 증가했다는 것은 둘 중 하나였을 것이다. 어딘가에 엄청난 투자를 했거나 엄청난 손실을 기록했거나. '넷플릭스'는 무엇 때문에 저렇게 큰 빚을 단기간에 빌렸을까? 아래의 그림에서 그들이 어디에 돈을 썼는지 알 수 있다.

넷플릭스 사례

얼마나 투자했을까?

2011~2013년의 3년 동안 총 투자 금액 = 약 11조 원

같은 3년 동안 총매출 합계액의 약 80%를 투자함

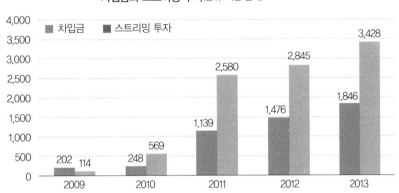

차입금과 스트리밍 투자(단위: 백만 달러)

그들이 투자한 영역은 스트리밍이라는 신기술과 콘텐츠였고 그 결과는 지금 우리가 아는 바와 같다. 매출의 80%에 해당하는 자금을 스트리밍에 몰아서 투자한 그들의 결정이 결과적으로 오늘의 글로벌 넘버원을 만든 것임을 부정할 수 없다. 하지만 동시에 그것이 대단히 무모한 결정이었음도 사실이다. 그들은 왜 그렇게 무모한 도전을 했을까?

비록 스트리밍을 주력 사업으로 채택했던 당시 이미 상장 기업이었지만 스트리밍이라는 신시장에서는 '넷플릭스'가 스타트업과 다름이 없었고 가장 큰 유니콘이 되고자 했기 때문이었다.

그들의 매출 변화를 보면 창업 이후 2011년까지 스타트업에서 DVD 렌탈 업계의 대기업으로 성장한 기업이 스트리밍이라는 신시장을 발견하고 스스로 다시

스타트업으로 자신을 변화시키는 과정을 보여 준다.

넷플릭스 매출 변화(단위: 백만 달러)

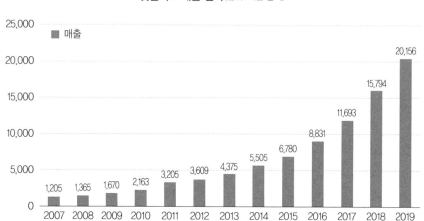

급속하게 증가하는 부채비율은 이렇듯 시장에서 엄청난 속도로 성장하는 스타트업에게나 가능한 것이지 함부로 사용할 것은 아니다.

이 부분은 어떻게 보면 당연한 이야기이지만, 세상의 많은 불행은 예기치 않은 놀라운 기회라고 생각한 것에서 잉태되는 경우가 많기에, 기회를 기회로만 바라보지 말고 그 기회가 가져올 위기를 동시에 평가해서 감당이 가능한지 가늠을 해 보는 습관을 가지면 좋겠다는 뜻에서 정리를 해 보았다. 위의 사례인 '넷플릭스'의 창업자인 리드 헤이스팅스도 한 인터뷰에서 회사의 방향을 스트리밍으로 완전히 전환했을 당시를 회고하면서 개인적으로 많이 두려웠다고 고백했다.

레버리지를 자주 활용하는 경우 중 하나인 차입금을 활용한 기업 인수에 대해 언급해 보겠다. 언젠가 강의 시간에 한 분이 질문을 했다.

"차입금을 활용하여 어떤 기업을 인수할 때 지금까지는 손익계산서를 주로 보았습니다. 오늘 현금흐름표에 대해 알고 보니 이것도 봐야 한다는 생각이 듭니다. 현금흐름표의 어떤 부분을 봐야 하나요?"

그분의 말처럼 작은 규모이든 큰 규모이든 기업 인수를 하는 경우 사려고 하는 기업이 돈을 잘 버는 기업인지 아닌지 그 부분에 가장 큰 관심이 갈 것이다. 당연한 말이겠지만 수익을 잘 내는 기업의 경우 특별한 경우가 아니라면 현금흐름표도 좋다. 특히나 영업활동에 의한 현금흐름이 양호하다. 이때 볼 부분은 영업활동으로 인한 현금흐름이 플러스인지, 영업활동에서 창출되는 현금이 인수 자금으로 가져온 차입금의 이자와 내가 투입한 자금에 대해 기대하는 이자(배당금)를 합한 금액보다 큰지를 확인하면 된다. 수익 구조에서 건실한 기업의 경우 통상적으로 내가 생각하는 기업 가치보다 좀 비싸게 느껴질 경우가 많지만 그 기업이 현금을 잘 버는 기업이라면 긍정적으로 고려할 필요가 있을 것이다.

다만, 문제는 반대의 경우에서 자주 발생한다. 차입금을 활용해서 사려고 하는 기업이 지금은 손실을 보는 기업이고 현금을 창출하지 못하는 기업이지만 내가 가지고 있는 경험과 지식, 그리고 기존 사업과의 시너지 등을 통해서 인수를 하면 수익을 내는 기업으로 전환시킬 자신이 있을 경우에 매우 신중히 접근할 필요가 있다.

이런 인수를 할 경우 투입되는 경영자나 CFO는 이 기업을 빠르게 적자에서 흑자로 전환시키는 것에만 관심을 두기 쉬운데 그게 함정이 될 수 있다는 것이다. 빠르게 이익으로 돌리기 위해 취하는 조치들이 현금 측면에서 부담을 가중시키는 경우가 자주 있다. 그래서 흑자를 향해 나가면서 현금 부족이 심각해지고 설사 흑자로 돌아섰다고 해도 현금 이슈가 더 심각해질 수 있다. 때문에 초기에 적자 기업에 투입되는 경영진은 먼저 현금흐름에 집중하는 경영을 해야 한다. 현금흐름에 집중하는 경영을 하다 보면 그 기업이 가지고 있는 부실이 한 가지씩 모습을 드러내기 때문이다.

예를 들어, 현금흐름에 집중하면 장기 재고 상품이나 원재료 등에 현금이 묶여 있음을 확인하는 순간 추가적인 손실이 두려워 품고 가지 않고 과감히 작더라도 현금화를 하는 결정을 할 수 있다. 또 다른 예로서는 매출에서는 기여를 하지만 이익 측면에서는 전혀 기여를 하지 못하는 고객들이나 상품을 과감히 정리할 수 있다. 이런 예는 많다. 현금흐름 측면에 중심을 두고 기업을 운영해 가다 보면 단기적으로 흑자로 전환이 늦어질지도 모르지만 중장기적으로 더 건실한 구조의 기업을 만들게 되고 흑자로 전환되었을 때 더 안정적이고 지속적인 흑자 구조가 만들어질 수 있다.

만일, 손익에 중점을 두고 적자 기업을 운영하다가 현금흐름이 더 심각하게 망가진다면 차입금에 대한 이자 부담을 내가 추가적으로 짊어짐은 물론이고 거기에 더해서 인수한 기업의 부족한 현금에 대해서 추가적인 자금 지원을 해야만 하는 경우가 발생한다. 이게 2~3년만 지속된다면 뜻하지 않은 커다란 자금 압박이 그로 인하여 가중되기 쉽다.

레버리지 효과는 한 면만 가지고 있지 않다. 두 가지 얼굴을 가지고 있다. 어느 면을 바라볼지는 경영자인 당신의 선택이다.

7 CFO에 대하여

"자네는 CFO가 무슨 일을 하는 사람이라고 생각하나?"

어느 날 당신의 상사이자 기업의 오너인 분에게 이런 질문을 받았다고 생각을 해 보라. 아마 이마에 식은땀이 날 것이다. 알 것 같으면서도 쉽지 않은 질문이다. 세상의 모든 추상적인 질문, 특히나 정의를 묻는 질문은 쉽지 않다. 당신도 한번 대답을 생각해 보기 바란다.

CFO는 과연 무슨 일을 하는 사람일까?

종종 이런 질문을 받기도 한다.

"저희는 작은 스타트업입니다. 아직 임원급으로 CFO를 채용할 여유는 없습니다. 하지만 언젠가 필요해질 거라고 예상을 하고는 있습니다. 언제 CFO를 채용하는 것이 좋을까요?"

이 질문 또한 답을 하기 쉽지 않은 질문이다.

그런데 두번째 질문 또한 "CFO는 누구인가?"라는 CFO의 정의이자 존재 이유를 묻는 질문과 맞닿아 있다.

내가 생각하는 CFO의 정의는 한 마디로 기업의 자산을 증식增殖시키는 사람이다. CFO를 단순하게 회계 부서 책임자로 생각해서는 안 된다. CFO는 기업의 가치를 높이는 사람이다.

기업마다 다 다를 수 있지만 일반적으로 CFO가 하는 구체적인 일들을 한번 나열해 보자.

- 기업의 재무팀을 구축하고 관리한다.
- 기업의 재무 관련 정책을 만든다.
- 자금에 관한 전반적인 관리를 한다. (조달. 집행 등)
- 예산 수립을 주관하고 예산과 실행을 비교하며 조정한다.
- 재무적 위험을 예상하고 대책을 준비한다.
- 사업 전략에 따라 기업의 자원 배분을 조정한다.
- 세무 이슈들을 관리한다.
- 기업의 IR에 참여한다.
- M&A, IPO 등을 주관한다.

이런 활동을 통해서 기업의 가치를 증식시키는 일을 하는 것이다.

그런데 따지고 보면 기업 내의 C레벨은 모두 '기업의 가치를 증식시키는 사람'이라는 정의에 부합하는 것 같다. CEO는 CEO대로, CMO는 CMO대로, CHO는 또 CHO대로. 모든 C레벨들은 각자 자신의 전문 영역에서 기업의 가치를 증식시키는 과제를 맡고 있는 사람이다.

그래서 내가 생각하는 가장 이상적인 조직 구성은 C레벨 중 누구라도 차기의 CEO가 될 자질을 갖추고 있는 조직이다. 그러기 위해 방향도 전략도 정신도 공유되어야 하고 서로 간에 의사소통도 매우 잘 이루어져야 한다.

다시 그 질문으로 돌아가 보자. 스타트업은 언제 CFO를 채용해야 하는가?

그것에 정답은 없다.

어떤 사장은 CFO에게 월급을 줄 여력이 생길 때라고 생각할 수 있고, 어떤 사장은 CFO로서 적임자를 찾았을 때라고 할 수도 있고, 어떤 사장은 투자를 받고 난 후라고 생각할 수도 있다. 모두 틀린 대답이라고 생각하지 않는다.

다만, 언제 뽑을지를 생각하기에 앞서 좋은 인재를 먼저 만나는 준비를 해야만 한다는 점을 기억했으면 한다. 좋은 인재는 필요하다고 갑자기 나타나지 않는다. 사전에 잠재적인 후보들을 알아 둔다는 생각으로 열심히 사람을 찾아야 하고 그런 사람을 만났다면 연결의 끈을 놓으면 안 된다.

내가 근무했던 한 기업의 대표가 날 만나자는 제안을 한 것은 봄이 지나가던 5월의 어느 날이었다. 앞으로 CFO를 채용할 예정인데 아직 일정이 확정된 것은 아니지만 나와 알아가고 싶다는 이야기를 했다. 우리는 미팅을 가졌고 경영에 대한 생각과 재무와 관리에 대한 관점에 대해 의견을 많이 나누었다. 그리고 그와 난 그 후로도 종종 만나서 식사를 했다. 그 해 가을에 그 기업의 다음 해 경영 계획을 준비하는 일을 나서서 도와주었고 내부 직원들과 인사도 나누었다. 그리고 다음 해 초 그 기업으로 자리를 옮겼다.

중요한 포지션에 사람을 언제 뽑을지 생각하기에 앞서 일단 만나고 알아가면서 연결되어야 한다. 언제 뽑을지는 언제나 그 다음이다. 그러니 언제 뽑을지 걱

정하기 이전에 내가 함께 일할 사람을 알고 있는지 먼저 물어야 한다.

기업의 수장인 리더는 욕심이 있어야 한다. 탁월한 인재에 대한 욕심 말이다. 인재에 대한 욕심에서는 탐욕스러워도 괜찮다. 좋은 인재는 그런 리더에게 모여들기 마련이기 때문이다. 좋은 CFO를 구하고 싶다면 회사의 리더가 먼저 인재에 대하여 욕심이 있어야 한다.

8 안되는 기업의 특징은 재무제표에 어떻게 나타나는가?

어려운 기업이 처음부터 지금까지 언제나 어려웠던 것은 아니다. 그들도 잘나 갔던 시기가 있었다. 하지만 시간이 지나면서 어려움에 빠졌고 돌파구를 찾지 못하고 있을 뿐이다.

이번 파트에서는 재무제표를 통해 보이는 시그널 중 이런 내용이 발견된다면 초기에 위기감을 가지고 더 적극적으로 온 직원들이 합심해서 돌파구를 찾아야 한다는 의미에서 작성해 보았다.

재무제표에서 알 수 있는 안되는 기업들의 특징은 무엇일까?

1) 매출 측면

• 매출이 하락하는 경우가 가장 위험하다. 하락의 기울기가 급격하다면 그야말로 위험한 것이다.

• 그 다음으로 위험한 것은 늘지도 줄지도 않고 그 수준을 너무 오래 유지하는 것이다.

2) 원가 측면

- 원가율이 높은데 해가 지나갈수록 낮아지지 않고 그대로 있거나 더 높아져 간다면 상당히 위험한 신호이다.
- 원가율이 환율에 따라 움직이는 폭이 크면 위험하다.

  이런 기업은 원가가 낮은 사업 부문을 반드시 찾아내야 한다.

3) 판관비 측면

- 인건비가 경쟁사들의 평균보다 높으면 위험하다.

  다른 비용은 유사시 줄이기 상대적으로 쉽다. 하지만, 인건비는 움직이기 어렵다.
- 연구개발비와 마케팅비처럼 매출을 일으키기 위해 선투자를 하는 비용에는 거의 쓰지 않고 소모성 경비만 쓰는 기업은 위험하다.
- 판관 비율이 계속 올라가는 기업은 위험하다. 매출이 증가하면 판관비도 통상적으로 올라가지만 비율이 올라서는 안 된다. 매출이 증가하면 판관비 금액도 증가하겠지만 비율은 하락하는 것이 건전하다.
- 안되는 기업은 복리 후생비와 교육비가 지나치게 낮은 경우가 많다. 직원들을 위해 사용할 돈이 거의 없다는 뜻이다. 이런 기업의 직원들의 사기가 높기는 어렵다.

4) 영업이익 측면

- 영업이익이 이자 비용을 감당하는 수준이 안 되면 위험하다.
- 영업이익이 흑자라고 해도 영업이익률이 2% 이하라면 위험하다. 이런 기업들 중 좀비 기업(영업이익으로 이자도 감당하지 못하는 기업)에 해당하는 기업이 많이 나온다.
- 영업이익률이 너무 급격하게 변화는 기업은 위험하다.

5) 영업 외 비용 측면

- 차입금 의존도가 높기에 금융 비용이 높다. 금융 비용이 지나치게 높아서 영업이익은 흑자이지만 당기순이익은 적자인 기업은 조심해야 한다.

6) 재무상태표 측면

- 재고자산이 큰 기업은 주의해야 한다. 가치 하락이 생길 수 있고 현금이 거기에 많이 묶여 있기 때문이다. 이 경우 재고의 양을 줄이면 매출이 급감하는 경우도 생긴다. 즉, 많이 만들어야만 그 정도 매출을 낼 수 있는 기업이다.
- 재고자산회전율이 매년 줄어드는 기업은 위험하다.
- 매출채권이 너무 큰 기업은 조심해야 한다. 매출채권회전율이 매년 줄어든다면 위험한 것이다. 매출채권 관리가 잘 안되는 경우이다.

  대손충당금이나 대손상각이 큰 기업은 위험하다. 고객의 신용도가 낮은 기업이다. 즉, 채권 중에 못 받을 수 있는 채권이 상당수 있음이 의심이 된다.
- 유동비율이 50% 이하라면 매우 위험하다.
- 당좌비율이 30% 이하라면 매우 위험하다.
- 현금 보유량이 월판관비로 따져서 1개월치 이하를 가지고 있다면 위험하다
- 매출의 성장 속도보다 매입 채무의 증가 속도가 지나치게 높으면 위험하다. 거래처에 대금 결제를 상습적으로 마루는 것이 의심된다. 이런 기업은 자칫 공급망이 부실해질 우려가 있다.
- 차입금이 자주 추가되거나 자본이 자주 변동하는 기업은 조심해서 보아야 한다. 운영 자금이 부족해서 돈을 계속 가져와야만 생존하는 기업일 수 있다.
- 자본 잠식(자본이 마이너스인 상태)인 기업은 최고 등급의 위험도로 보아야 한다. '마켓컬

리'도 현재 그런 상태이기에 IPO를 서두르고 있는 것이다.

7) 현금흐름 측면

- 영업활동에 의한 현금흐름이 매년 마이너스인 기업은 위험하다.
- 투자를 위한 현금 유출이 너무 큰 기업도 조심해야 한다.
- 재무활동으로 현금이 매년 조달되는 기업도 위험하다.
- 당기순이익 (또는 손실)과 영업활동 현금흐름 간의 차이가 큰 기업은 조심해서 보자.

이런 내용을 참고해서 자사의 지표들을 주기적으로 관찰하고 이상 신호가 보인다면 초기에 집요하게 관리해서 문제에 빠지지 않도록 해야 한다. 사람의 건강과 기업의 건강은 비슷하다. 몸이 심각하게 불어난 다음에 다이어트를 하는 것보다 다이어트가 필요 없는 몸 상태를 유지해 가는 것이 월등히 나은 것이며 그러기 위해서는 몸이 불어나는 것 같다는 신호가 나타나는 초기에 철저히 관리를 하는 것이 가장 현명한 조치이다.

9 통제가 아닌 공헌

"여러분에게 주어진 사명은 두 가지입니다. 첫째는 섬기는 것입니다. 일선에서 기업을 성장시키기 위해 애쓰는 라인 조직을 돕는 역할입니다. 두 번째는 지키는 것입니다. 모든 직원이 다 기업을 위하고 성장시키려는 마음으로 행동하지는 않습니다. 극소수이지만 기업에 해가 되는 행동을 하는 사람들이 있을 때 그들로부터 기업을 지키는 것이 우리의 사명입니다."

이것은 내가 CFO로 재직했던 때 지원 조직 내의 직원들에게 했던 메시지다. 이번 파트는 이 내용과 관련된 것이다.

당신의 기업은 어떤 모습일까? 처음 직장 생활을 하고 이른 나이에 회계팀장이 되어 아래에 팀원을 몇 명 거느리며 회사 안에서 움직이는 모든 자금의 흐름을 관찰하고 필요시 통제하고 조정하는 일을 하다 보니 내가 의도하든 그렇지 않든 내가 이끌었던 조직의 판단과 결정이 전체 인원들의 행동에 영향을 미치게 되었다. 다른 말로 하면 회계/자금을 책임지고 있던 나와 내 부서의 권한이 점점 커져갔다. 규정이라는 명분이 늘 내 뒤에는 있었고 난 그 규정을 가지고 직원들의 행동을 통제했다. 기업을 위해서 하는 것이라 믿었지만, 한편으로는 권력의 맛이 참 좋았다. 그래서 난 그것을 두려워한다.

회계나 자금 부서가 큰 권력을 소유하고 휘두르는 그런 기업을 난 매우 위험하다고 판단한다. 내가 그 맛을 알기에 그 위험성도 안다. 회계나 자금을 포함한 지원 조직은 섬기는 조직이다. 직원들이 일을 잘할 수 있도록 최선을 다해서 섬기는 조직이다. 기업 내에서 역할에 따라 누구든 갑질을 하거나 받는 일이 있는 기업은 어떤 이유가 됐든지 바람직하지 않다.

회계부서는 권력을 가지고 통제하는 부서가 되면 안 된다. 그렇다고 반대로 역할에 대해 무시를 받고 뒤치다꺼리만 하는 그런 조직이 되어서도 안 된다. 그래서 '통제보다 공헌'이라는 말이 딱 내 생각을 전달하기에 적당하다고 생각한다.

조직 내의 모든 사람들은 통제를 하거나 받기보다 공헌하거나 공헌할 수 있도록 준비하는 사람이 되어야 하고 서로 그런 시각으로 서로를 인식해야 한다.

기업의 리더들 및 조직원들 특히, 재무 담당자들에게 전하고 싶은 내 메시지는 이렇다.

- 어느 역할이든 누가 누구를 통제한다는 개념을 버리자.
- 우리는 서로의 성공을 위해 서로 돕는 사람들이다.
- 서로의 성공을 도우면 그것이 곧 공동의 성공이다.
- 기업에서 역할의 차이는 있지만 방향과 비전의 차이는 없다.
- 어느 역할도 경시되어서는 안 된다.
- 서로 존중하는 마음이 무엇보다 우선한다.

돈이라는 파워를 다루고 있기에 더 부드러워야 한다. 돈과 관련한 많은 규정을 다루고 있기에 더 부드럽고 겸손해야 한다. 돈을 위해 직원들을 통제하는 역할이 아니라 재무의 역할로 직원들을 지원하고 돕는 공헌을 하는 역할로 스스로 규정하고 다른 사람들에게도 인식되어야 한다.

그럴 때에 비로소 기업 내에서 재무는 그 역할로서 존경과 사랑을 받을 것이다. 쉽게 다가가는 재무, 일상에 도움이 되는 재무, 통제가 아닌 공헌으로 존재하는 재무, 이것이 내가 바라는 기업 내의 재무의 모습이다.

맺음말

처음 회계를 시작했을 때 1~2년 정도 하고 나면 다른 일을 할 줄 알았지만 33년간의 직장 생활의 대부분을 재무 쪽에서 일을 했다. 뒤늦게 진학한 MBA과정에서도 난 회계를 전공했다. 그만큼 재무 부문의 일은 내 삶에서 중요한 위치에 자리하고 있다. 그래서 언젠가 한번은 재무 쪽 책을 만들어 보겠다는 생각을 해왔다.

이렇게 마음으로 품어온 계획을 실현하게 되어 기쁘고 설렌다.

책의 마지막 부분에서 적었듯이 내가 생각하는 재무는 친구 같은 것이다.

가장 가까운 곳에서 가장 쉽지만 제일 큰 도움이 되는 그런 역할을 할 수 있기를 바란다.

이 책이 세상에 나올 수 있도록 내게 기회를 준 많은 분들께 감사를 전한다.

이 책을 통해서 재무제표를 읽을 수 있게 되었다는 독자들의 소식을 듣는다면 이 책으로 내가 할 소임을 다한 것이라 생각하며 한없이 기쁠 것이다.

최선을 다해 쉽게 쓰고자 힘을 쏟았지만 그럼에도 불구하고 여러분의 기대에 못 미치는 미흡함은 혹시라도 수정의 기회가 주어진다면 독자들의 의견을 적극 반영하겠다.

독자들의 피드백을 고대하며 책을 통해 만나게 될 모든 분들의 건승을 기원한다.

김성호 작가 드림

쉽게 배워 크게 쓰는
재무제표

초판 1쇄 발행 2022년 2월 28일
초판 3쇄 발행 2023년 8월 31일

지은이 김성호
펴낸이 최익성
출판총괄 송준기

책임편집 김희정
편집 윤소연

마케팅 총괄 임동건
경영지원 이지원
펴낸곳 파지트
디자인 강수진
제작지원 플랜비디자인

출판등록 2021-000049호
주소 경기도 화성시 동탄원천로 354-28
전화 070-7672-1001   **팩스** 02-2179-8994
이메일 pazit.book@gmail.com   **페이스북** @pazitbook

ISBN 979-11-976316-6-5 03320

The story_Fills you